Mi memoria de la marisma

Territorio de explotación

Manuel Begines Sánchez

Mi memoria de la marisma

Territorio de explotación

EDICIONES
PANGEA

Primera edición: diciembre de 2025

Del texto: © Manuel Begines Sánchez

De esta edición: © Ediciones Pangea, 2025
41720 Los Palacios y Villafranca, Sevilla
www.edicionespangea.com

Edición al cuidado de José Peña Fierro
Diseño de cubierta: Josema Jiménez (josemajimenez.es)

ISBN: 979-13-991165-2-6
Depósito Legal: SE 3202-2025

Impresión: Ulzama Digital
Impreso en España / *Printed in Spain*

Este libro se lo dedico a mis familiares más directos que vivieron y sufrieron la dura realidad de la marisma arrocera. A mi padre Juan, a mi madre Carmen, a mis abuelos Francisco y Encarnación, a mis hermanos y hermanas Curro, Amparo, Encarna, Eduardi y Juan, a mi tía Eduarda, a mis tíos Curro, Manuel y Catalina y a mis primos Manuel, Pepe, Manolo, Loli, Amparo, Encarna, José Manuel y Amparo.

Todos y todas habitaron en aquel inhóspito territorio y conocieron de primera mano la vida en él, llena de penurias. Los de más edad sintieron en sus cuerpos la explotación aún siendo niños. Una parte importante de su existencia estuvo vinculada al mundo del cultivo del arroz en calidad de mano de obra jornalera.

En la misma dedicatoria, incluyo a las y los miles de obreros del campo que vivieron la misma experiencia.

Tanto unas como otros me han inspirado y motivado para hacer esta publicación escrita, con la que he pretendido que ellos y ellas aparezcan como la parte esencial en todo el extraordinario proceso de transformación de la Marisma del Bajo Guadalquivir.

Índice

Preámbulo

El recuerdo nos sirve para proyectar luz sobre el pasado.

Me encuentro reflexionando en esta hermosa y plenilunada noche de agosto, llena de luz y bajo un cielo de estrellas, entre las que destacan las móviles Perseidas que surcan el espacio. Mirando tan bonito espectáculo, asalta mi pensamiento una serie de difusas imágenes e historias que me hacen reflexionar acerca de si es conveniente mantenerlas en el recuerdo por haberlas vivido, dejándolas yacer en mi mente como algo íntimo, o si realmente merece la pena contarlas para que las conozcan otras personas.

He creído conveniente que esta segunda opción es la más razonable, pero me surge la duda de si contarlas como un narrador abstracto o hacerlo, como he resuelto al final, en primera persona, situándome en la posición de un humilde cronista que ha sido testigo viviente de las citadas historias e imágenes. Las que sucedieron en un territorio que hoy día puede resultar indiferente o carente de interés para mucha gente que nunca ha oído hablar de él, pero que durante décadas del siglo XX tuvo un enorme peso económico y social, siendo fuente de vida, empleo y recursos de varios municipios del área de influencia del Guadalquivir, entre los que está Los Palacios y Villafranca. Me estoy refiriendo a la Marisma arrocera, que abraza por ambas orillas un importante tramo de nuestro gran río y que, para sorpresa de mucha gente, se ha convertido con el tiempo en líder en producción de arroz de toda España.

Pero tras la cara lustrosa de esta Marisma, engalanada por la vistosidad del arrozal en crecimiento, existía un reverso negro y miserable, marcado por el sufrimiento en el trabajo de los miles de personas que, con su esfuerzo, hacían posible las sucesivas cosechas y que, poco a poco, fueron alzando la voz para clamar por la humanización de su actividad.

He considerado conveniente hacer la entradilla de mi relato con una de las historias que me contaron varias veces y que simboliza la respuesta rebelde que muchos obreros dieron a una relación laboral basada en la explotación más descarnada y al Régimen político que auspiciaba tal situación.

Con nombres ficticios, cuento un episodio que acabó siendo algo común en muchas fincas arroceras desde los años sesenta hasta el final de la Dictadura. Después, describo desde mi infancia lo que mi memoria me alcanza, lo que me contaron y lo que observé con mis ojos. Todo como parte de un extraordinario proceso de transformación de la Marisma.

El afán por despertar conciencias

Juan y Antonio permanecían agazapados en silencio, casi sin respirar, en medio de los carrizos del canal colector que va desde la Dársena hasta La Primera Sección Regable, entre la carretera de Chapatales y el muro de la otra orilla que linda directamente con la parte arrocera. Oyeron cómo la Guardia Civil rastreaba cerca de ellos, merodeaba por allí, pero no logró divisarlos. Eran dos hombres jóvenes, que en ese momento de angustia pensaban en sus padres, a los que no les habían dicho nada antes de salir. Uno de ellos tenía novia y su preocupación era que, si los encontraban y los detenían, no sabría cómo se lo explicaría. La situación de incertidumbre y miedo se alargó varios minutos más, hasta que los agentes se retiraron y por fin pudieron respirar algo más aliviados. Por precaución, decidieron permanecer una hora más camuflados entre los carrizos y aneas donde se habían ocultado un poco antes, cuando en plena noche marchaban ambos en una motocicleta con los cuerpos forrados de octavillas y advirtieron, a lo lejos, la luz de un vehículo que venía por el muro del Caño la Vera hacia ellos. Tuvieron la suficiente destreza y reflejos para esconder rápidamente el ciclomotor entre la abundante vegetación de la orilla del canal, salir corriendo y alejarse de ella hasta lograr ocultarse sin que los descubriera la Benemérita, de la que sospecharon, con acierto, que sería la ocupante de aquel vehículo que portaba aquellas luces lejanas.

Tras confirmar que el camino estaba libre y el peligro momentáneamente había pasado, salieron de su escondite para coger el ciclomotor. Por fortuna, y en contra de lo que temían, arrancó perfectamente, lo que les permitió continuar la marcha por la ruta que sus compañeros del pueblo les habían asignado.

Era el principio de la primavera y aún hacía frío, máxime en una moto y de noche, pero esa climatología les permitía guardar entre sus ropas de abrigo una importante cantidad de material propagandístico. En la mañana siguiente de aquella noche de un mes de marzo de principios de los setenta, las pequeñas carreteras de casi toda la Marisma aparecieron regadas de octavillas, unas cuartillas de papel escritas con escasez de medios, pero legibles, que eran recogidas por algunos trabajadores entre los muchos que ya en esas fechas del año, en las que empezaba la temporada del arroz con la preparación de la tierra, circulaban por decenas por aquellos caminos en dirección al tajo. Algunos de ellos recriminaban a los que se paraban a coger aquellos papeles, aduciendo que eso estaba prohibido y podrían tener problemas con la Guardia Civil, en una clara expresión del miedo reinante entre muchos jornaleros. Otros, al contrario, se guardaban las octavillas y las leían de forma precavida en la hora del almuerzo o por la noche en sus casas.

Pero ¿qué decían aquellos papeles que tanto preocupaban a las autoridades de entonces? Pues hablaban de reforma agraria, de mejores salarios o de reducir aquellas largas jornadas de trabajo que, entre otras, eran de las principales reivindicaciones obreras de aquel momento, a las que se les añadían en todos los textos la necesidad de poner fin a aquel Régimen y el clamor por la libertad y la democracia.

Este episodio que brevemente he relatado era algo común en aquel tiempo y se reproducía en toda la Marisma con distintos protagonistas, pertenecientes todos ellos a aquella generación en la que un nutrido grupo de jóvenes, en alianza con otros de más edad, hicieron del compromiso social y su afán por mejorar aquella dura realidad una de sus principales motivaciones en la vida, jugándose el físico y arriesgándose a sufrir graves represalias por parte de aquel poder opresor. Su épico legado de valentía e idealismo perviven en la memoria de muchas personas.

Prefacio

En el verano de 1960, los escritores Alfonso Grosso y Armando López Salinas se adentraron en lo más profundo de la Marisma en un viaje que hicieron recorriendo Isla Mayor y parte de Isla Menor. Allí observaron la penosa vida de la gente trabajadora de aquellas tierras y recogieron diversos testimonios de los protagonistas sufridores de aquel sistema de trabajo basado en la explotación del hombre por el hombre. De aquella experiencia surgió un libro antológico que titularon *Por el Río Abajo*, en el que relataban los entresijos de cómo se lograba sobrevivir en aquel ambiente sórdido, de desigualdad y pobreza, donde los braceros del campo tenían la consideración, por parte de las autoridades y sus aliados —los propietarios de las tierras, en gran parte latifundistas—, de ciudadanos de segunda, un poco por encima de las bestias de carga.

Durante aquel recorrido, los escritores quedaron profundamente impactados al conocer de primera mano aquel mundo de vida cruel, lleno de carencias y ausencia total de servicios básicos y de derechos como personas, describiendo con crudeza una existencia rayana en la distopía y reflejándolo en su obra literaria —que como libro fue censurado por el franquismo, pero se pudo publicar en París en 1966 gracias a la revista antifranquista *Ruedo Ibérico*. Años más tarde, en 1978, se publicó en España, siendo el primer y creo que el único libro que de verdad abordó el mundo del cultivo del arroz en la Marisma del Guadalquivir desde la óptica y los sentimientos de los explotados.

En mi modesto relato, trato de trasladar al lector mi personal visión, como testigo posterior de aquello que ya adelantaron los citados escritores y desde la experiencia vital que tuve en aquellas magnas planicies, que en primavera se inundaban de agua como condición indispensable para el cultivo del arroz, un cereal de primera necesidad y básico en la alimentación humana.

Mi memoria de la Marisma está marcada por los diferentes episodios que voy contando. Desde mi primera infancia, que transcurre en la Segunda Sección de la Zona Regable del Bajo Guadalquivir, hasta mi salida de aquel territorio en busca de otro empleo en 1976. Pero he considerado conveniente ampliar hasta 1979, como punto de inflexión de lo que fue el trabajo en el arroz, en mi vida personal y en el ambiente político y social, caracterizado este por ser una época de cambios importantes que se produjeron en aquel contexto histórico.

He tratado de describir de forma objetiva mi propia visión subjetiva, dentro de una serie de hechos que iban jalonando todo un proceso evolutivo en la forma de producción en aquellos inmensos arrozales.

La narrativa de todo lo que allí ocurrió está atravesada por los diferentes ciclos por los que pasa el cultivo y el trabajo en los campos de arroz, por su fase inicial de expansión y empleo de abundante mano de obra y continuando con la introducción de las primeras máquinas y su paralela reducción del uso del trabajo manual, con la consiguiente marcha de miles de mujeres jornaleras primero y después de jornaleros hacia otros trabajos, siempre con la intención de que fuesen mejor que lo que dejaban atrás. Todo esto lo voy acompañando con pasajes y recuerdos de lo que era la vida en el pueblo.

Seguidamente, abordo la fase de mecanización total y la práctica desaparición de aquella mano de obra masiva que se conoció en las primeras etapas. Destaco después la interesante experiencia alternativa que supuso el reciclaje de muchos jornaleros, que pasaron a la pesca del cangrejo rojo en régimen de cooperativistas la mayoría de ellos.

Se aportan, además, diferentes fotografías de gente trabajando en aquellos años como testimonio gráfico de la dureza de las diversas faenas agrícolas arroceras. Se hace también una descripción de la ubicación del territorio en el mapa, de la superficie que se destina a la producción de arroz y del inicio de su cultivo a partir de 1937, impulsado por el nuevo Régimen golpista de la mano del genocida Queipo y de su estrecho colaborador Rafael Beca. Reclutadores ambos de los primeros colonos valencianos que vinieron a Isla Mayor, a los que beneficiaron con la entrega a precio de saldo de las mejores tierras. Se reservaron aquellos, junto al nuevo caudillo, las parcelas más productivas, en las que utilizaban mano de obra de los presos republicanos.

A continuación, hago una breve referencia en el libro al interesante fenómeno político y social del surgimiento en Los Palacios y Villafranca del PCE, que hunde sus raíces en la Marisma, fruto de la confluencia de antiguos refugiados republicanos y jóvenes que fueron tomando conciencia de clase, todos ellos bajo la característica común de ser obreros de los campos de arroz.

Finalmente, se muestra con carácter general la realidad actual de las Islas arroceras del Bajo Guadalquivir y su destacada posición como principales productoras de arroz de toda España, convirtiendo a Sevilla en provincia líder en esta cuestión.

En este relato, he conjugado mi particular visión presencial con las aportaciones que me han hecho otras personas que fueron testigos de unos determinados acontecimientos que tenían como escenario la Marisma; los que yo no conocía en algunos casos y en otros solo había oído hablar de ellos.

Para reforzar la verosimilitud de los datos que voy exponiendo a lo largo de la narrativa, he acudido a diversas fuentes que he considerado serias y solventes, como importantes trabajos académicos de geógrafos, ingenieros, historiadores, de organismos públicos como la Junta de Andalucía, el Ministerio de Agricultura o Boletines del Estado, tanto de la época franquista como del periodo actual. Además, he consultado publicaciones de prensa de los siglos XX y XXI, siempre buscando la más amplia información.

Con este trabajo cumplo en parte con un deseo que tenía desde hace años y que era el de contar lo que ocurrió durante décadas en un territorio casi desconocido y del que apenas se acuerda nadie. Pero los hechos están ahí, en la historia.

La afamada película de Alberto Rodríguez *La isla mínima* ayudó a que mucha gente descubriera aquellas vastas superficies sembradas de arroz y visualizara el tipo de vida llena de carencias básicas que existía en la Marisma del Guadalquivir. Sin embargo, esa excelente obra cinematográfica mostraba una sola cara de aquel mundo, algo que es comprensible. Pero detrás de las imágenes de la cinta había otra realidad que revelaba lo que realmente era la Marisma: un escenario donde día a día se ponía en práctica la explotación laboral más brutal y que la sufrían miles de personas.

Es a esa gente, a los explotados y explotadas, a los oprimidos y oprimidas, a los y las donnadies, a los y las sin voz, a quienes dedico el esfuerzo que hago por recordar su historia —sus historias en plural—, para que no las sepulte el olvido.

No soy escritor, pero me he sentido enormemente motivado al contar en primera persona mi experiencia vital en los arrozales, compartida con tantas mujeres y hombres, que con su sacrificio, con el sudor que derramaron en el agua y el barro, hicieron posible el desarrollo y la prosperidad de la Marisma arrocera. Aunque el beneficio que proporcionaba su esfuerzo se lo llevaron los colonos y los latifundistas, propietarios de las tierras, insaciables señores que jamás tuvieron ninguna empatía con las gentes a las que explotaban y que siempre estuvieron protegidos por aquel Régimen golpista y odiador de la clase obrera.

Como antesala del libro, mi hermano Juan nos ofrece una estupenda prosa poética que refleja su sensibilidad y su solidaridad con los y las jornaleras de las Islas Marismeñas.

Tenía mi asignatura pendiente con todos ellos y ellas. Creo que, además, la sociedad civil y las instituciones tenemos una deuda de gratitud con nuestra clase obrera del campo. Por mi parte, que sirva este paso que doy como reconocimiento y homenaje a todos y todas, los que ya no están por razones biológicas y los que siguen viviendo, de los que espero que mantengan este periodo de nuestra historia en la memoria colectiva de los habitantes de Los Palacios y Villafranca y lo vayan trasladando a las nuevas generaciones.

Marisma

Por Juan Begines Sánchez

Océanos de arrozales, acotados apenas por las lindes difusas de los almorrones, se extienden más allá de lo que pueda abarcar la vista. Es una eterna alfombra de calma, levemente mecida por la brisa. Al fondo, los dueños del cielo, en su anárquico vuelo, dibujan trazos imaginarios antes de posarse a saciar su sed sobre ese mar efímero y recortado en sus bordes a golpe de pala.

Los pasos que caminaron entre el barro marismeño y las espigas de arroz dejaron profundas huellas en la memoria de un Pueblo. En la manera de hablar, de comportarse, en su propio callejero o en la fisonomía, con siluetas que recortan ese pasado tan actual y tan presente.

Las almas endurecidas por las circunstancias. Las costillas atoradas por el peso del destino, y, aun así, elevan las hoces, blandiéndolas al cielo, como un arma de vida y futuro, mientras fijan su mirada en un horizonte de esperanza.

Todos somos hijos de la Marisma. De la Marisma física y de la ancestral, aquella que nos habla de mujeres que realizaban «trabajos de hombres» sin dejar de llevar la casa y la familia. De esos hombres que no iban a la cantina antes de terminar su faena y que entregaban en casa hasta la última peseta que ganaban. De esas niñas y niños que dejaron su infancia demasiado pronto para aprender a no jugar. Estudiantes sin carrera que se licenciaban en la Universidad de la Vida. Catedráticas de economía social, la de abajo, la más íntima y efímera… La que comienza cada día, para volver a empezar.

Tú, Marisma, acogiste a esa gente que, huyendo de las garras del tirano, encontraron refugio en el anonimato solidario. Auténticos PATRIOTAS que dejaron sus mejores años en aquella España gris, como el cielo gris que los cubría durante los interminables inviernos. Les abriste tus alas para abrazarlos como a tus hijos.

Tú eres bien inmaterial. Modelo de convivencia que acunas en tu regazo la memoria de un Pueblo.

Tú, Marisma, eres el espejo en el que cada noche se mira la luna para lavarse la cara con la fuente de vida que emana de tus entrañas.

Mientras, cada mañana, el sol sigue reposando su reflejo sobre tus aguas, para que tú le cuentes historias a media voz. Historias que nunca se apaguen para que jamás olvidemos de dónde venimos.

Campo sembrado de arroz en la Marisma

1. Inicio del cultivo del arroz en la Marisma del Guadalquivir

Origen y formación geológica de las islas del Guadalquivir

La mayoría de las publicaciones de catedráticos, geólogos y biólogos, y otra serie de trabajos de expertos que he consultado, vienen a coincidir en sus conclusiones: el lugar donde en la actualidad se asientan las Marismas del Guadalquivir hace 4500 años era un enorme lago de 2000 km^2 llamado por los romanos *Lacus Ligustinus* o Lago Ligur. Allí vertía el Guadalquivir, formando un amplio estuario, que a su vez desembocaba a la altura de *Caura* (Coria del Río) en una extensa bahía llamada Golfo Tartésico, una gran masa de agua marina que se introducía desde el Golfo de Cádiz hasta ese punto tierra adentro.

Primero en el Lago Ligur y posteriormente en el Golfo Tartésico, se fueron depositando sedimentos de tierra de origen continental. Otros eran traídos por las avenidas fluviales, por las mareas, las corrientes, las tormentas atlánticas y la arena arrastrada por el viento.

Un lento pero continuado relleno de esas superficies acuáticas que fueron configurando lo que es actualmente el Bajo Guadalquivir, con la emergencia de grandes porciones de tierra que con el tiempo se convirtieron en islas, al estar rodeadas por el cauce principal del Guadalquivir (antes llamado Betis) y los dos brazos que quedaron en sus márgenes: en la derecha, el Brazo de la Torre y, en la izquierda, el Brazo del Este.

Estos dos territorios nuevos, procedentes de la colmatación sedimentaria del antiguo Lago Ligur, se llaman Isla Mayor en la margen derecha e Isla Menor en la margen izquierda. A finales del siglo XIX, en 1888, se construyó la corta de Los Jerónimos para desviar el cauce del río y facilitar la navegación, con lo que se formó otra isla, a la que llamaron Isla Mínima, al ser la más pequeña de las tres y que hasta ese momento formaba parte de Isla Menor.

Durante siglos, esas tierras fueron un lugar pantanoso y deshabitado, que se inundaba con las crecidas del río y, allá donde nacía algo de pasto comestible, se instalaban algunos rebaños de ganado bovino y caballar. Otra parte de aquellos inhóspitos terrenos fue lugar de caza de reyes, nobles y aristócratas, como, por ejemplo, ocurría en nuestra marisma más cercana, adonde venía el rey don Pedro con su séquito de cacería y para lo cual mandó construir unos pabellones o palacios que les servían de estancia durante sus temporadas de caza, dando así origen al nacimiento, a mediados del siglo XIV, de la villa de Los Palacios, que en principio no pasaba de ser una pequeña aldea.

Tras una serie de proyectos elaborados en los siglos XVIII y XIX, encaminados a cultivar la Marisma y hacer productivos tan extensos baldíos de pastoreo en algunas zonas, pero socialmente inútiles en su mayoría, los referidos proyectos se fueron quedando en la construcción de unas cuantas infraestructuras básicas de caminos, diques o canales como remedio para evitar inundaciones. Detrás de aquellos proyectos, dirigidos a ir sustituyendo el predominio ganadero por el cultivo progresivo de aquellas tierras, se situaron numerosos especuladores cuya verdadera intención era apropiarse de unos terrenos hasta entonces públicos y en los que nada práctico hicieron para su deseada transformación.

Mapa de la marisma arrocera del Bajo Guadalquivir

Fue a partir del siglo XX cuando se empezaron a notar cambios reales en la fisonomía de las marismas, siendo el primer paso más significativo para ello la ley de 1918 relativa a la desecación de lagunas, marismas y pantanos, con la que el Estado trataba de atraer inversores privados para trabajos de dotación de infraestructuras de canalizaciones y saneamientos. Si bien al principio no tuvo buena acogida esa propuesta estatal, a partir de 1921, con la creación de la Compañía Marismas del Guadalquivir, se acometieron los primeros trabajos serios de desecación y saneamiento.

El presidente de la nueva sociedad empresarial era el Marqués de Hoyos, alcalde de Madrid entonces y, posteriormente, Ministro del Interior, y el director era Juan Gavala Laborde, reconocido geólogo de la época y gran terrateniente de Lebrija.

La Compañía Marismas obtuvo del Estado, en un evidente trato de favor y en un caso claro de corrupción y tráfico de influencias (un ministro y un terrateniente usando tierras públicas para beneficio propio), en 1926, la concesión de 50 000 hectáreas de tierras de dominio público con derecho de expropiación, de las que en realidad solo pudo hacerse con una tercera parte de las mismas, lo que tampoco estaba mal. En virtud de la ley de desecación de lagunas, marismas y pantanos de 1918, la Compañía puso en marcha un Plan General de recuperación de cuatro sectores mediante un sistema de diques.

De esos cuatro planes, se ejecutaron tres entre los años 1930 y 1934. Quedó sin ejecutar el cuarto plan relativo a la provincia de Cádiz. Desde 1930 a 1939, solo se consiguieron roturar 6000 hectáreas, mejorando los pastos con plantas gramíneas y la introducción pionera del cultivo del arroz en ese territorio aún de forma muy primaria y experimental.

La Compañía Marismas transfirió a partir de entonces la Sección Primera a la Compañía Ybarra; la Sección Segunda fue transferida a la Compañía de Transformación y Explotación de Las Marismas SA (COTEMSA), y la Sección Tercera, más tardía en su desarrollo, se traspasó al Instituto Nacional de Colonización en 1942. Al crearse en 1927 la Confederación Hidrográfica del Guadalquivir, se volvió a insistir en acelerar la recuperación de los terrenos de las marismas, retomando para ello el Plan de Riegos de 1902, pero es en 1939 cuando se presentó el Plan de Riegos del Valle Inferior del Guadalquivir, que sirvió de base para el futuro desarrollo agrícola del territorio. Este Plan fue refundado en 1940 en el Plan de Obras Hidráulicas. Básicamente recogía lo más sustancial del de 1935, siendo todo esto decisivo para poder abordar por primera vez y desde una óptica científica los estudios necesarios para tratar de conocer la naturaleza salina de los suelos y las condiciones ambientales de aquellas tierras vírgenes, que serían declaradas de Interés Nacional en 1955.

Puente sobre un colector en la zona de La Segunda, construido por la Compañía Marismas

Gracias a aquellos estudios científicos iniciales, años más tarde se llegó a la conclusión de que lo más conveniente era empezar por el desalado de los terrenos, para lo que había que impedir la entrada de aguas exteriores, drenar el agua salada hacia el exterior y lavar los suelos con agua de buena calidad. A continuación, se introducirían aguas turbias para el colmatado, impidiendo que el arrastre de limos se perdiera hacia el mar, que junto al enyesado y azufrado de los suelos iban a contribuir a una maduración acelerada de la tierra para poner en marcha el cultivo de la misma.

Tras este proceso complejo y laborioso, una parte de las marismas de la margen izquierda quedaría declarada definitivamente de Interés Nacional, con lo que se institucionalizaba la Zona Regable del Bajo Guadalquivir como paso previo para la posterior redacción del Plan General de Colonización de la Zona, con lo que el cultivo del arroz adquirió un impulso que sería decisivo para su desarrollo en años posteriores.

En la margen derecha, en Isla Mayor, el proceso de roturación de la marisma y su conversión en tierra de cultivo de arroz tuvo sus propias características y ritmos. Los diferentes estudios de este proceso coinciden en situar sus inicios allá por 1926, con la llegada de unos ciudadanos ingleses llamados Remigio Eric y Lord Milnor, quienes, asociados con un banco suizo, constituyeron la sociedad Islas del Guadalquivir SA.

Esta Compañía adquirió 24 000 hectáreas del Marqués de Casa Riera, que a su vez había recibido las tierras públicas de Fernando VII y sobre las que los ingleses pusieron en marcha diversas obras de canalizaciones, estaciones de bombeo e infraestructuras como base del cultivo del arroz. Sin embargo, el experimento iniciado a modo de ensayo por la citada Compañía, con la siembra de 150 hectáreas del lugar conocido como El Rincón de los Lirios, en la misma entrada de las marismas, no cuajó, aunque todo aquello sirvió de base para el futuro desarrollo del cultivo de este cereal.

Una vez que los ingleses abandonaron sus proyectos iniciales y se marcharon, se inició la disputa entre los grupos capitalistas locales, que ya se habían hecho con gran parte de los terrenos de la Sociedad Isla Mayor del Guadalquivir SA (ISMAGSA) en 1934. Así se llegó al año 1937.

España se encontraba inmersa en plena Guerra Civil, con el país partido en dos. Las zonas productoras de arroz eran en aquel tiempo Cataluña y Valencia, ambas en la zona republicana, con lo que el bando rebelde o nacional se quedó sin ese cereal tan básico para la alimentación de su ejército. Ante esa circunstancia, se volvió la mirada hacia la Marisma del Guadalquivir, y retomando los iniciales proyectos de los ingleses, el golpista Queipo de Llano encargó al importante empresario sevillano del sector de la aceituna y colaborador de ellos, Rafael Beca Mateos, la misión de iniciar de nuevo en la margen derecha, en Isla Mayor, el cultivo del arroz. A partir de ahí ya se extendería con los años por ambas orillas del río. La explotación del citado cereal se empezó en los terrenos que previamente se les arrancaron a ISMAGSA, con la sociedad Rafael Beca SL Industrias Agrícolas como soporte empresarial. Supuso el comienzo de la transformación de las islas, en las que las primeras hectáreas fueron sembradas por trabajadores traídos de las cárceles y campos de prisioneros, en los que estaban encerrados miles de ellos por defender la legalidad republicana.

Esta mano de obra esclava, al igual que más tarde harían los golpistas en la construcción del Canal de los Presos, se empleó en principio para la construcción de las viviendas de los colonos que iban llegando y para los trabajos más duros del arado de la tierra, en la canalización de las aguas, la preparación de las tablas y la planta y siega del arroz. Faenas estas a las que se irían incorporando jornaleros asalariados, que fueron llegando a aquellas tierras en busca de nuevas oportunidades laborales que les ayudasen a aliviar su situación de pobreza. Entre los mencionados braceros que iban a las islas a trabajar por el salario se entremezclaba una cantidad importante de hombres que huían de las matanzas y represalias que perpetraban los fascistas en otras partes de Andalucía y Extremadura. Estas personas que lograban escapar de la represión franquista encontraban en la Marisma el lugar idóneo para ocultarse, ya que podían ganarse un sueldo y burlar el control de la Guardia Civil, a la que, con los escasos medios que contaba, le resultaba muy difícil detectarlos.

Una de las primeras medidas que tomaron Queipo y Beca Mateos fue la de atraer a agricultores valencianos con gran experiencia en el cultivo arrocero y que no querían seguir en la zona republicana. Con tal objetivo, emplearon la táctica de ofrecerles en propiedad las nuevas parcelas que surgían de aquella roturación de las tierras de Isla Mayor, además de poner a su disposición viviendas y parte de la mano de obra esclava y del resto de los jornaleros asalariados que cobraban sueldos muy bajos. A lo que unían su experiencia como pequeños propietarios que trabajaban en familia sus tierras en Valencia, pero que aquí resultaba insuficiente, al deber sembrar extensiones muy superiores a las que tenían en sus pueblos levantinos de origen.

Toda una serie de ventajas que facilitaron que Beca Mateos lograra captar un buen número de familias del Levante, que se trasladaron a Isla Mayor. Unos tal vez por motivos políticos y otros por razones simplemente económicas. Esta nueva realidad provocó al principio choques que complicaron la convivencia entre los llamados valencianos y los jornaleros andaluces, a los que aquellos acusaban de no tener aspiraciones de ser propietarios de tierras, obviando injustamente que a los de Valencia les habían asignado los golpistas el rol de colonos y a los andaluces, el papel de simples obreros del campo sin posibilidad de acceso a la propiedad de la tierra.

Fue así como las tierras de Isla Mayor se repartieron entre un buen número de colonos que, salvo algunos grandes terratenientes como Escobar, configuraron una estructura de la propiedad más repartida que la de este lado del río (Isla Menor), en la que destacaba la propiedad latifundista que se repartía entre COTEMSA, Inversiones Ebys o Guardiola Fantoni.

La sociedad de Beca Mateos mantuvo el predominio sobre los arrozales hasta 1942, cuando esta se repartió con el industrial argentino Bemberg la Isla Mayor, y la Isla Mínima con el terrateniente José Escobar Barrilero, propietario de más de mil hectáreas. Antes, el citado Beca y su amigo Queipo se habían encargado de apropiarse de unas cuantas parcelas de las más productivas, que se repartieron entre ambos, sacando así importantes beneficios de un cultivo tan rentable como el arroz. Todo ello con mano de obra esclava gratis y en unas tierras públicas de las que se apoderaron sin apenas coste. A estas parcelas el golpista Queipo, en particular, sumó las de Gambogaz en Camas, a las que aquel sanguinario General llamó cínicamente «donaciones generosas de la sociedad sevillana».

En los años cincuenta, al calor del auge de la producción de tan preciado cereal, el Régimen volvió a hacer una demostración del inmenso amor e interés que sentía por los grandes propietarios y de la concentración de la tierra en pocas manos. Los terratenientes se oponían con la boca pequeña a que se permitiera la ampliación de más tierras para la siembra de arroz, como una forma de frenar las demandas de un importante número de pequeños y medianos agricultores que pedían autorización para poder cultivar también en sus propias tierras un producto tan valorado. Ante esa situación, el Ministerio de Agricultura franquista respondió de dos maneras: con una mano negaba a estos sus peticiones y con la otra firmaba decretos como el que ampliaba los cotos arroceros, concediéndoles, en marzo de 1957, la ampliación del coto arrocero en 267 hectáreas a Inversiones Ebys, más otras 705 en julio, con lo que alcanzaría las 1522 ha; y un aumento de 853 ha a COTEMSA en el mismo año, con lo que sumaba las 1895 ha. Así, estas empresas que tenían sus propiedades en la Isla Menor se hacían aún más latifundistas.

Será en los años siguientes cuando surgirían mis primeras visualizaciones de aquel mundo del que tan poco se ha escrito y su recuerdo queda cada vez más diluido con el paso del tiempo en la memoria de los y las que lo conocieron.

La infancia en la Marisma, una etapa difícil de superar

En El Coto, a consecuencia de la precariedad y carencia total de medios, ocurrió un caso que refleja lo que significaba vivir en aquel inhóspito lugar, sin tener acceso a una atención médica y sin medios de transporte para trasladarse adonde hubiese algún consultorio o centro hospitalario de atención infantil. Antes de yo nacer, mis padres, mis abuelos maternos, mi tía Eduarda, mi hermano Curro y mis hermanas Amparo y Encarna malvivían en una choza de pasto, apartada del mismo poblado.

A un kilómetro de allí había una amplia nave, en la que se instaló una máquina fija de trillar el arroz que se segaba a mano. Era de una gran envergadura y necesitaba contar con un buen número de personas para atender las tres principales funciones que realizaba aquella máquina tan grande. Por su delantera absorbía las garbas de arroz enteras, en su lateral tenía la salida del grano que en su interior separaba del pasto y por detrás expulsaba todo ese pasto sobrante que los hombres retiraban fuera formando grandes pajares; en el lateral otros hombres colocaban en las bocas de los tubos los sacos en los que se vertía el arroz, y en la boca delantera solían estar varias mujeres para echar los haces procedentes de la siega en las tablas.

Mi madre y mi tía Eduarda realizaban esa labor, dura y peligrosa, durante las temporadas de recolección, ayudando así a incrementar los ingresos de la humilde unidad familiar, en la que el resto del año entraban solo los sueldos de mi padre y mi abuelo. Cuando se amplió la familia con la llegada de mis hermanas mellizas, Amparo y Encarna, la dedicación de mi madre a las tareas domésticas, con cinco adultos, un niño y dos recién nacidas, fue completa, con lo que dejó de ir a trabajar.

En una ocasión, allá por la primavera del año 1953, mi hermano, con apenas cuatro años, jugaba y correteaba por las cercanías de la choza, de la que a poca distancia pasaba un desagüe que se cruzaba a través de un puente de madera, con débiles tablas, entre las que había algunas partidas. Aquel canal contenía un cauce pequeño, salvo donde vertían algunos tubos otras aguas desaguadas, originándose debajo de sus bocas fosos que sí tenían cierta profundidad. Ese era el caso de uno que estaba justo debajo del puente.

La condición de niño pequeño de mi hermano concitó la atención y simpatía de algunos trabajadores, en particular de un hombre apodado *Salmuera* y al que le encantaban los niños. En la fecha que señalé antes, *Salmuera* esperaba en una orilla a mi hermano para que atravesara el puente y cogerlo en brazos para jugar con él. Mi madre observaba la escena desde la puerta de la choza, preocupada, con el presentimiento lógico de cualquier madre de que a su hijo le pasara algo, dado el deficiente estado de aquel puente. Curro acudió entusiasmado a la llamada de aquel hombre, con tan mala fortuna que cayó por las tablas rotas al foso debajo del puente. En ese momento, mi madre, sobresaltada, entró en pánico al ver cómo aquel agujero de agua se tragaba a su niño.

Al mismo tiempo, su pequeña hija Amparo rompió a llorar pidiendo mamar de su pecho. La angustia y desesperación de Carmen, mi madre, era total, sin saber adónde acudir. El rápido y valiente gesto de *Salmuera*, lanzándose al canal y sacando a aquel niño de debajo del agua, lo salvó de una muerte segura.

En ese estado de ansiedad y después de presenciarlo todo, mi madre procedió a dar el pecho a su hija pequeña, a la que de inmediato le salió en la cabeza un extraño chichón, una erupción del cuero cabelludo en forma de grano con boca, a lo que respondieron mi madre y mi abuela aplicándole remedios caseros a base de vinagre y otros ungüentos ante la ausencia total de una mínima atención médica, que, de existir, hubiera curado aquella herida con algún medicamento. No ocurrió así y mi hermana Amparo sufrió la secuela en forma de un lucio en su cabeza que no fue a más debido a las numerosas y costosas visitas al afamado doctor Conejo.

El estrés y el susto que se llevó mi madre alteraron la naturaleza de su leche materna hasta el extremo de provocar esa reacción en el cuerpo de su hija lactante. Esto se supo después, a través del propio doctor Conejo, que fue el que se lo dijo.

Este fue un caso concreto de cómo una afección curable se convirtió en algo que se cronificó por falta de la urgente y necesaria atención sanitaria que el caso requería. Este era el denominador común de los asentamientos marismeños, en los que hubo casos de enfermedades más graves con peores consecuencias, debido a la ausencia de médicos en aquellos lugares.

Nunca supimos el verdadero nombre de aquella persona apodada *Salmuera*, ni de dónde era, pero en la memoria de la familia siempre ha estado presente como el hombre que salvó la vida a mi hermano Curro.

Antiguo secadero y nave de trillado con máquina fija en El Coto

El franquismo, benefactor de los propietarios de tierras en el desarrollo de la Marisma

Mencionar la Marisma en esta parte de España equivale a hablar de la zona arrocera del Guadalquivir: sinónimo de arroz. Es definir un territorio de más de 36 000 hectáreas, repartidas entre las tres islas que flanquean su cauce fluvial por ambos lados. Aproximadamente, 24 000 ha en la orilla derecha y 12 000 ha en la orilla izquierda.

Como señalé anteriormente cuando hablé sobre el inicio del cultivo del arroz, en la parte derecha del río se encuentran Isla Mayor e Isla Mínima, junto a la cual se asienta el municipio también llamado Isla Mayor, conocido popularmente como *El Puntal*, al que la Dictadura le puso el nefasto nombre de Villafranco en honor del dictador, aunque afortunadamente hace años que cambió esa denominación por la actual. Cerca de esa localidad, en esa margen del río, también están los poblados de Alfonso XIII y de Queipo de Llano, este ya deshabitado. Dichos nombres son dedicados a otros dos personajes de los más siniestros de nuestra historia: el primero, a un rey ladrón y, el segundo, a un general golpista, del que ya he relatado el papel que tuvo en el origen de la siembra de arroz en esa ribera derecha del Guadalquivir.

En la ribera izquierda, se halla la otra zona arrocera llamada Isla Menor, en la que confluyen los términos municipales de Puebla del Río, Coria del Río, Utrera, Las Cabezas de San Juan, Dos Hermanas y Los Palacios y Villafranca. Con menos superficie cultivada que la otra margen, aquí existieron varios núcleos pequeños de población hasta la década del setenta del siglo pasado, como Casudis, El Coto, El Reboso, COTEMSA, La Segunda, La Primera, El Tané o La Mejorada. En la actualidad, todos ellos se encuentran deshabitados y en estado de abandono.

Este vasto territorio de la Marisma del Guadalquivir, en la provincia de Sevilla, ha llegado a convertirse en la primera zona productora de arroz de España, además de criarse en ella las variedades de grano de mayor calidad del Estado. Esto es un gran logro del que los sevillanos y sevillanas deben sentirse orgullosos, pero nunca se puede olvidar que esto se ha conseguido gracias al sacrificio, al esfuerzo y al sudor de miles de jornaleros y jornaleras que trabajando en calamitosas condiciones transformaron un erial en una tierra rica y productiva.

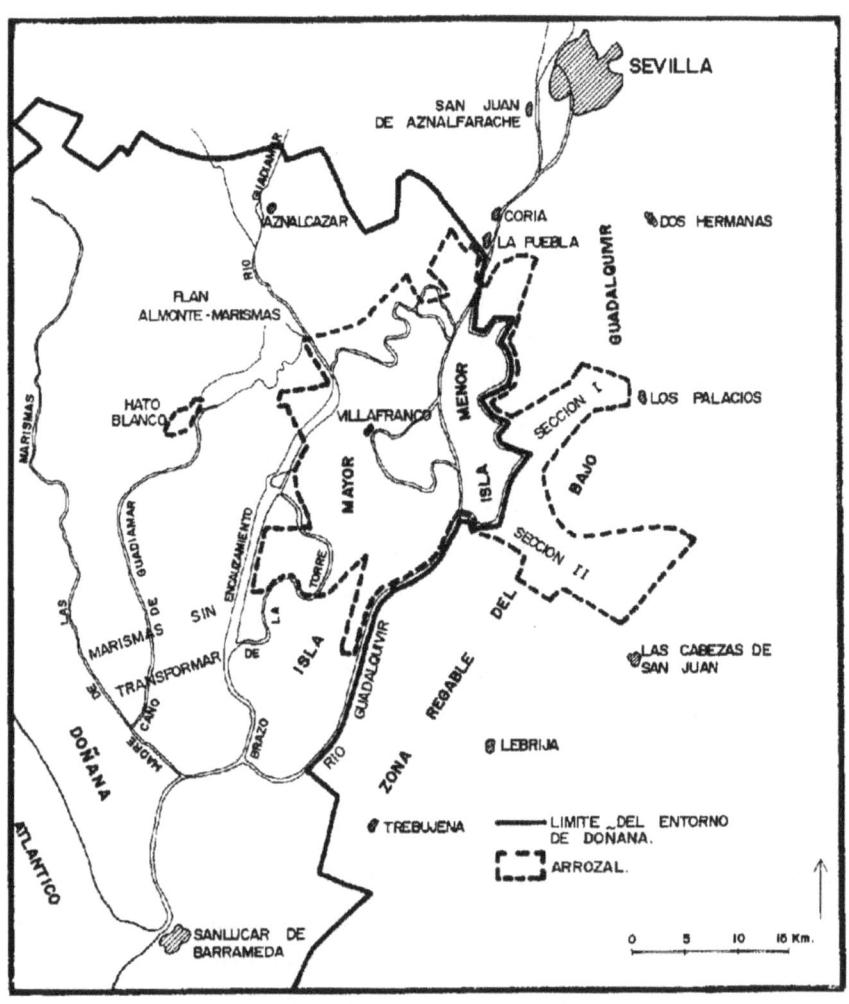

Plano de arrozales, secciones regables I y II. Fuente: Moral Ituarte (1993)

Hasta ahora, lo poco que se ha dicho o publicado del cultivo de arroz en la provincia de Sevilla se ha hecho casi siempre desde la óptica de los propietarios de la parte de Isla Mayor. Según su versión, fueron los colonos que vinieron a esa orilla del río, la mayoría de ellos de Valencia, quienes transformaron aquellas marismas, pero nunca se dice que tales colonos o medianos propietarios accedieron a la propiedad de la tierra en condiciones muy ventajosas y con un claro trato de favor de los golpistas que implantaron la Dictadura.

Tampoco se dice, como ya he apuntado, que es imposible que ellos pudieran solo con sus manos preparar la tierra y sembrar arroz, sino que tuvieron que emplear a gente que cobraba jornales muy bajos y que trabajaba en estado de semiesclavitud, sin derechos de ninguna clase, pero con la obligación de no protestar y de ser sometidos al dominio de los patronos y a la represión de la Guardia Civil, que siempre actuaba en defensa de tales patronos. Además, a esos propietarios de las parcelas el régimen franquista les garantizaba la venta de todo el grano que producían, porque el propio Estado adquiría esa producción a través del Servicio Nacional del Trigo (SNT), un organismo estatal de acumulación de reservas estratégicas de cereales, dependiente del Ministerio de Agricultura. Dicho Ministerio les establecía un precio mínimo por adelantado a sus cosechas que les facilitaba la planificación previa de sus temporadas de cultivo.

Los excedentes de producción que no podía absorber el SNT los vendían en el mercado libre nacional o para la exportación. El SNT, de propiedad estatal, también vendía el arroz para la exportación y el consumo nacional, dejando siempre en su red nacional de silos una reserva estratégica mínima.

Este método se aplicaba también a los colonos y terratenientes que posteriormente a aquellos empezaron a sembrar arroz en Isla Menor. En la otra cara de estos, estaba la gran cantidad de mano de obra que fue necesaria para producir el mencionado cereal, compuesta por hombres, mujeres y niños muy pobres, que iban arribando a aquellas tierras sin otro capital que su fuerza de trabajo y que tenían que vender al precio que imponía el patrón en connivencia con las autoridades, fijando, a través del Sindicato Vertical, unos bajísimos salarios, que encima eran discriminatorios en razón del sexo.

Dos mujeres escardando arroz

En mi primera experiencia laboral, en el verano del 71, recuerdo que a los hombres les pagaban 150 pesetas y a la mujeres y niños, 100 pesetas, es decir, un 50 % más para los hombres por el mismo trabajo, dentro, claro está, de la miseria que en conjunto suponían aquellos jornales. Estas relaciones laborales entre patrón y obrero se desarrollaban en un marco donde no se daba de alta a los trabajadores, se despedían a voluntad del empresario, no se cumplía el horario mínimo ni se pagaban horas extras y no había seguridad ni higiene en el trabajo. Se manipulaban herbicidas c insecticidas como el Basagran o el Malatión Serpiol, este último altamente tóxico para la salud, sin control ni protección individual.

Las avionetas que en los sesenta se empezaron a utilizar para la fumigación con herbicidas e insecticidas las vi por primera vez desde mi ventana en la casa de La Mejorada donde vivía. Eran cargadas con los citados productos químicos y despegaban y aterrizaban justo al lado de la casa, en el cerrado de Las Mauriñas, convertido temporalmente en pista de aterrizaje de aquellos aparatos, a los que yo contemplaba con admiración y entusiasmo, cual gran descubrimiento, cómo subían al cielo y bajaban a tierra, algo que solo se lo había visto hacer antes a los pájaros.

Pero esa imagen idílica nada tenía que ver con la realidad en los campos de arroz, pues esas avionetas, mejor dicho, sus pilotos expandían por las tablas aquellos productos tóxicos pasando por encima de los trabajadores, que les servían de puntos de referencia, empapándolos de los mismos sin importarles las consecuencias que tuviera esa lluvia de veneno en la salud de esos pobres hombres, que solo contaban con un saco de plástico con tres agujeros para cabeza y brazos, que para nada los protegía.

Finca de arroz de La Primera Sección

En relación a esto, años después, en mayo de 1981, tuvo lugar un grave suceso que evidenció, una vez más, la actitud prepotente de los pilotos. Un grupo de trabajadores, entre los que estaban Francisco García *Curro Pitaco* y su hermano Juan, marchaban al trabajo en el arroz en sus ciclomotores por una de las carreterillas de La Primera Sección. Tuvieron la mala fortuna de encontrarse con las avionetas que en ese momento sembraban las tablas lanzando las semillas desde el aire. Una de ellas sobrevoló por encima de ellos a tan escasa distancia del suelo que se llevó por delante a Curro, derribándolo de la moto y arrollando su cuerpo, con el trágico resultado de causarle la pérdida de una pierna y la visión de un ojo, además de ocasionarle diversas heridas en todo su organismo.

Un episodio condenable, en el que un jornalero de la Marisma quedó mutilado de una pierna y tuerto por la actuación imprudente y temeraria de uno de aquellos pilotos de avionetas, a los que yo, años antes, les había observado desagradables demostraciones de su chulería y arrogancia, que pusieron más de una vez en peligro a otros trabajadores de la Marisma, entre ellos a mi propio padre y mi hermano, que a punto estuvieron de ser atropellados por las avionetas, pilotadas por esos indeseables personajes, casi todos militares.

Como en tantas ocasiones, el trabajador accidentado, Francisco García, fue el perdedor en todos los sentidos. Solo le dieron una mísera indemnización y el piloto causante de su desgracia jamás pagó por el daño que le había causado a Curro.

Volviendo a lo anterior, tras este necesario recordatorio, decía que esas eran algunas de las situaciones en las que muchos obreros de la Marisma debían desarrollar su labor, a las que se unía que tenían que malcomer a pleno sol o a veces en sombrajos sentados en el suelo, en jornadas partidas, donde las tardes se hacían más largas que las mañanas, lo que causaba un estado de fuerte agotamiento en aquellas personas. Tras la penosa faena en el campo, habían de enfrentarse a la llegada a una mísera casucha, a una tienda de campaña o a una choza, que eran las tres categorías en las que los terratenientes dividían los alojamientos de los jornaleros. Obviamente, ninguno de esos «hogares» disponía ni de servicios básicos ni de aseo para las necesidades fisiológicas.

Recuerdo a aquellas mujeres que, para protegerse del sol, se cubrían todo el cuerpo con pantalón, camisa, sombrero y pañuelo, dejando descubierta solo la cara. Tenían que lavar la ropa de ellas y de la familia con un poco de jabón y con el agua del canal o del río, pues el agua potable la traían en camiones pequeños, la vertían en depósitos repartidos por los diferentes tajos y donde residían los trabajadores, siendo su uso solo para asearse un poco, cocinar y beber. Como es fácil de imaginar, el agua se bebía a temperatura ambiente; solo se refrescaba algo en los cántaros y botijos. En el reparto del agua por la Marisma, hubo algunas personas que se hicieron muy conocidas, como Miguel Rodríguez *El Gasparo* o Manuel Ayala *Manuel del agua*, a los que quiero reconocerles, aunque sea póstumamente, la gran labor que realizaron llevando tan imprescindible y vital líquido por tierras marismeñas y que sirvió para hacer la vida de miles de personas un poco más llevadera.

Esa circunstancia y el hecho de que el amor hiciera acto de presencia entre las parejas que por allí se hicieron novios y más adelante formaran una familia eran de los pocos detalles que trajeron algo de felicidad a los jornaleros y jornaleras de la Marisma. Este hecho se repitió en prácticamente todos los asentamientos que por entonces existían en ambas orillas del Guadalquivir.

Pero las carencias y la explotación de los obreros del campo seguían estando presentes en el día a día. No había médicos, solo se contaba con unos cuantos maestros en algunos sitios (en La Mejorada no vi nunca a ninguno) y las vías de comunicación eran pésimas, lo que aumentaba la sensación de aislamiento. Los salarios experimentaban escasas subidas, que resultaban insuficientes para hacer frente al alza del coste de la vida. Unas raquíticas subidas que les eran impuestas y sin que los trabajadores pudieran defenderse de tal abuso, pues los sindicatos de clase estaban prohibidos y perseguidos. El derecho a la huelga, manifestación o protesta eran ilegales. Aquellos que se atrevían a reivindicar eran duramente reprimidos por la Guardia Civil, siempre fiel protectora de los intereses de los patronos, como ya he indicado antes.

El agua, el maná de la Marisma

Si el agua estaba en la génesis de la Marisma, desde su formación geológica como superficie terrestre que emergió desde el mar, para la biodiversidad que se ha desarrollado en su interior y para los diferentes cultivos, el líquido elemento ha sido y es imprescindible. Cuando hablamos de ella, lo hacemos pensando lógicamente en agua dulce y sin apenas contenido en sal, que es la que permite que el territorio marismeño sea la gran fuente de vida y recursos que conocemos hoy.

Su cultivo estrella, el arroz, no sería posible sin la aportación de agua, en este caso, además, en cantidades importantes. La ubicación de la Marisma arrocera junto al Guadalquivir y sus afluentes, Brazo de la Torre y Brazo del Este, fue la condición básica que hizo posible cosechar este cereal en este lugar, gracias a la gran capacidad hídrica que poseía el río.

Al principio de la siembra de arroz en la Marisma, a partir de finales de los años treinta, el agua contenida en el cauce del Guadalquivir abastecía con suficiencia las primeras hectáreas de tablas de arroz. El progresivo aumento de la superficie destinada a este cultivo empezó a chocar con la capacidad limitada del lecho del río, con lo que se hizo necesario el aporte de más agua para cubrir la rápida extensión de tierras cultivables y su indispensable irrigación.

En la margen derecha, en Isla Mayor e Isla Mínima, era más acuciante la necesidad de agua, debido a su mayor extensión de espacio de siembra, lo que implicaba más consumo hídrico. En la orilla izquierda, en Isla Menor, que también siguió incrementando su superficie de arrozal, se contaba a partir de los sesenta, con el refuerzo regable del Canal de los Presos, que ayudaba a suplir la escasez de agua que ya empezaba a ser preocupante, especialmente en años de sequía.

Canal de los Presos en la zona del Arenoso

La alternativa a este problema fue y sigue siendo la inyección de más cantidad de hectómetros cúbicos al cauce del Guadalquivir, algo que se consigue con el desembalse de varios pantanos que vierten parte de su contenido en el río, siempre que el año hidrológico lo permita. En años como 1983, 1993, 1995 o 2023, apenas se pudo sembrar a causa de la sequía de esos periodos.

A través de diversas casas de bombas, estas extraen el agua del río, la depositan en los canales principales de riego y desde ahí se va distribuyendo el ansiado líquido por una red de canales más pequeños, que regulan la inundación de las tablas con un sistema de compuertas.

Antigua casa de bomba en La Mejorada

Pero ¿por qué se siembra el arroz en agua?

Cuando se ven las imágenes, mundialmente conocidas, de extensas llanuras inundadas de agua y divididas por pequeños diques dispuestas para ser sembradas de arroz, mucha gente se pregunta por qué este se cultiva en parcelas encharcadas, a diferencia de los otros cereales que se producen en terreno seco con sus periódicos riegos.

La explicación de esta singularidad, según las diversas fuentes técnicas y de expertos en la materia que he consultado, es que, como condición básica e imprescindible, el arroz es una planta que se adapta muy bien a la tierra sumergida bajo una lámina de agua, aun sin ser una especie acuática. Gracias a la característica de sus hojas, estas facilitan que el oxígeno llegue a sus raíces.

A partir de aquí, surgen otras ventajas que motivan que el arroz germine y crezca bajo agua. La primera que aducen los técnicos es que, de esta manera, el líquido elemento evita la aparición de malas hierbas y plagas que pudieran competir con el arroz en la obtención de nutrientes para su buen crecimiento. La segunda es que ese estado de anegación permanente facilita la regulación de la temperatura del suelo, impidiendo cambios bruscos que puedan afectar al desarrollo del cultivo. Y la tercera ventaja, sobre todo en tierras de marisma que suelen tener un alto contenido en sal, es que el agua dulce empleada para llenar las tablas frena la afloración de sal por capilaridad, propiciando que la propia planta absorba sales y otros elementos nutritivos necesarios para su evolución.

Sin poner en duda las razones sustanciales expuestas por los expertos sobre la siembra del arroz en agua, creo que es pertinente indicar ciertos matices a sus argumentos, derivados de mi propia experiencia en los arrozales marismeños.

A pesar de que el agua impide el surgimiento de plagas y malas hierbas, algunas de ellas son una excepción y se adaptan perfectamente a la lámina líquida, acompañando y compitiendo con el arroz en la absorción de nutrientes.

Yo destacaría tres malezas perjudiciales para el mismo: las colas —muy parecidas al citado cereal—, las gramas y las castañuelas o juncias. Todas ellas, invasoras y parasitarias, se extirpaban en la labor de la escarda, que requería el empleo de abundante mano de obra. Después se fue imponiendo el método de la escarda química aérea a base de herbicidas, que ha reducido el uso de personal a la mínima expresión.

Desembocadura del Brazo del Este en el Guadalquivir cerca de la Tercera Sección

Me gustaría hacer aquí un inciso para indicar que, aunque la mayoría del arroz que se cultiva en el mundo se hace en tablas o parcelas inundadas de agua, hay diversas regiones y países donde este blanco cereal se siembra en terrenos secos, regados igual que otros cereales, como el maíz, u otras variedades, como las plantaciones de algodón.

Esta forma de criar arroz se da en lugares donde existe poca capacidad hídrica, lo que obliga a los agricultores a adaptarse a tales situaciones. Frente a las zonas que producen en espacios con agua, el cultivo arrocero en seco presenta la desventaja de que se recogen menos kilos en las cosechas, si bien el crecimiento más rápido de la planta posibilita incluso que haya dos recolecciones en un mismo año en sitios de humedad tropical.

Esto lo pude comprobar cuando estuve en la provincia de Pinar del Río, en Cuba. Allí, en el municipio de Los Palacios, productor de arroz y con el que nuestro pueblo está hermanado, me explicaron que en cada una de las cosechas el rendimiento por hectárea suele ser de 3500 kg, de una calidad excelente, por cierto.

Teniendo en cuenta que en la Marisma del Guadalquivir la producción ya alcanza los 10 000 kg por hectárea en una sola cosecha, se demuestra de manera palpable la superior productividad del cultivo del arroz en agua.

Sistema de regadío del Guadalquivir

El Guadalquivir, que nace en la Sierra de Cazorla, es el eje vertebrador de todo un sistema de regadío de los arrozales. Lejos de su punto de destino, en la desembocadura de Sanlúcar, su cauce recibe agua de sus afluentes y de diecinueve pantanos de su cuenca, la mayoría, como El Negratín, El Tranco, La Breña o Iznájar, situados en las provincias de Jaén y Córdoba.

La Confederación Hidrográfica del Guadalquivir, gestora de los recursos hídricos de ellos y propietaria de las presas, es el organismo que decide el volumen que se desembalsa en función de las reservas de los citados pantanos. En un año normal de lluvias, las 24 000 hectáreas de la orilla derecha y buena parte de las 12 000 de la orilla izquierda se nutren de las aguas que el principal río andaluz, como hilo conductor, traslada desde los grandes pantanos de Jaén y Córdoba hasta la presa de Alcalá del Río.

De allí parte el último trayecto acuático hasta las casas de bombas, que impulsan el preciado líquido a las tablas hasta llenarlas unos quince centímetros de agua. Las transforman en láminas, que como gigantescos espejos reflejan en su superficie el sol, las nubes y el cielo azul.

Durante el tiempo de crianza del arroz, se repone una pequeña cantidad que se evapora por el sol y se va moviendo el agua en las citadas tablas, saliendo por un extremo y entrando por el otro, en una operación de reutilización y aprovechamiento de tan escaso e imprescindible bien.

Otra de las funciones que cumple el agua dulce es la de impedir que la salinidad que contiene la que entra desde el mar aumente en el río, para lo que hace falta el empleo de gran cantidad del citado líquido, sirviendo de tapón al agua salada.

Como en toda la agricultura de regadío, que absorbe el 85 % del agua dulce, en el arroz también hace falta la implantación de nuevos sistemas de irrigación más eficientes y que ahorren agua, un bien escaso y finito, sinónimo de vida y garante de la continuidad de las especies que pueblan la Tierra.

Así, según los datos facilitados por la Confederación Hidrográfica del Guadalquivir, tenemos lo siguiente:

1º La presa de El Tranco, situada cerca del nacimiento del río, es la primera de regulación del caudal.

2º El Guadalquivir está conectado a diecinueve pantanos, que vierten agua a su cauce.

3º La mayoría de las presas son centrales hidroeléctricas. La de Peñaflor, que no produce energía eléctrica, recoge agua de lluvia y del río, la encauza a través del Canal de los Presos y riega a su paso más de 80 000 hectáreas de diferentes cultivos.

4º En la margen izquierda, el Canal riega en la Primera Sección Regable 2200 ha y en la Segunda Sección Regable, 4300 ha, aportando agua al arroz solo en verano. El pantano de El Águila, cerca de El Palmar de Troya, además de abastecer de agua a la campiña, también es otra fuente de riego del arroz a través del arroyo El Salado.

5º El embalse José Torán, en Lora del Río, aporta agua por el cauce del Guadalquivir a la zona de Isla Mayor, como refuerzo de las necesidades de riego de esa margen del río.

Todo un sistema de distribución de sus aguas que convierten al Guadalquivir, a lo largo de sus 657 kilómetros, desde la Cañada de las Fuentes, donde surge, hasta el estuario entre Sanlúcar y Doñana, en un gran irradiador de riqueza. Su existencia es un gran don que la naturaleza nos ofrece y que hace del Bajo Guadalquivir uno de los valles más fértiles de Europa.

En la cara oculta de todo el sistema de riego descrito y que tiene al cauce del Guadalquivir como su principal vía de transporte del agua, se encuentra un hecho del que la gran mayoría de la gente apenas tiene noción. Me refiero a la producción hidroeléctrica a cargo de las grandes empresas de electricidad de España: Iberdrola, Endesa y Naturgy por encima de todo.

Estas corporaciones eléctricas se aprovechan de un bien público y escaso como el agua de numerosos embalses para el lucro y el beneficio privado, partiendo de la situación de privilegio que, primero, les otorgó el franquismo y, después, han seguido manteniendo intacta a lo largo de todo el periodo democrático.

La propaganda franquista, cada vez que el dictador inauguraba un pantano, proclamaba: el agua para el riego. Sin embargo, la realidad existente detrás de esa parafernalia era que la mayor parte del agua de los embalses iba prioritariamente a la producción de electricidad.

Esa generación hidroeléctrica absorbía entre el 50 % y el 70 % de la capacidad de embalsamiento de los pantanos, gracias a las concesiones administrativas de las que gozaban —y gozan— las grandes compañías eléctricas.

Con esa concesión administrativa, de cien años de duración, esas empresas gestionan el agua de los embalses adjudicados y mantienen un control total sobre los mismos. Se han dado casos de haber vaciado varios de ellos, dejando sin agua a miles de agricultores y decenas de municipios. En 1986, de las veinte grandes presas de España, trece priorizaban la generación hidroeléctrica y en cinco de ellas era el único uso autorizado.

De esta manera, Iberdrola, Endesa y Naturgy han ganado y ganan miles de millones de euros con este trato de favor del Estado. Con total impunidad, han obtenido energía eléctrica de los embalses a muy bajo coste, y en la venta a los consumidores les aplican el mismo precio que la electricidad producida por gas, la más cara del mercado, con lo que el margen de ganancias es escandaloso. Todo ello gracias a la utilización privativa de un recurso público como es el agua. A esto es a lo que llaman los beneficios caídos del cielo, en referencia al agua de la lluvia que va a los pantanos. Unos beneficios que se reparten entre sus principales accionistas, que obtienen a costa del pueblo y por los que no pagan impuestos.

Esta situación de aprovechamiento de un bien público para beneficio privado de unas grandes empresas insaciables se reproduce, de igual forma, en la mayoría de embalses de la cuenca del Guadalquivir, con la complicidad en todos los casos, primero, del franquismo y, después, de los Gobiernos de los dos grandes partidos de nuestro sistema político, el PSOE y el PP.

Así se entiende mejor por qué acaban tantos ministros, ministras y presidentes del Gobierno en los consejos de administración de Iberdrola, Endesa o Naturgy, cobrando enormes sueldos en pago a su trato de favor a estas empresas mientras estuvieron en el Gobierno y permitieron semejante saqueo de los recursos públicos a cargo de las mismas.

La alternativa a esto la podemos encontrar en países como Alemania, donde las grandes empresas eléctricas pagan cuantiosos impuestos por su actividad en la producción y distribución de electricidad. Allí, el Estado recauda anualmente tres mil millones de euros. Si en España se estableciera un impuesto similar, se recaudaría aproximadamente la misma cantidad, algo que se antoja quimérico, cuando ni siquiera las eléctricas cumplen con el acuerdo de revertir el 25 % de su producción hidroeléctrica a las confederaciones hidrográficas.

Para cambiar esta realidad y que un bien público como el agua sea benefactor de toda la sociedad, a mi juicio, se deben adoptar varias medidas fundamentales:

Una Ley de Aguas que obligue a las eléctricas a pagar impuestos por los beneficios que obtienen por su producción y venta de energía hidroeléctrica.

Que establezca que el Estado gestione y controle toda el agua superficial y subterránea que existe en España, regulando sus usos en beneficio de la mayoría de la población.

Que sustituya el método tradicional de obtención de electricidad por el sistema de bombeo, mediante el cual el agua se reutiliza en un circuito entre un embalse superior y otro inferior.

Que no se renueven las concesiones administrativas tan ventajosas como las actuales para las grandes compañías eléctricas.

Que las confederaciones hidrográficas se hagan cargo de las presas que vayan venciendo las concesiones.

Y que se cree una empresa pública de generación de electricidad que gestione las presas hidroeléctricas y se nacionalicen las compañías privadas.

La solidaridad entre los pobres

A mitad de la década de los cincuenta, una parte importante de la Marisma aún seguía sin ser transformada en zona arrocera en la Isla Menor. Miles de hectáreas continuaban sirviendo de lugar de pastoreo de ganado bovino, equino u ovino. Esta actividad se combinaba con la siembra de pequeñas superficies a cargo de arrendatarios que cultivaban algodón, trigo u otros productos agrícolas, todos de secano y dependientes de la climatología. La Compañía Marismas del Guadalquivir SA administraba la Primera Zona Regable del Bajo Guadalquivir, con la Casa del Palo como su sede administrativa, aunque después transfirió una parte a la Compañía Ybarra.

La Compañía Marismas, entre otras actuaciones, como la ejecución de obras de infraestructuras de caminos, canales, estaciones de bombeo o construcción de diques para los nuevos cultivos de arroz, también destinaba las tierras marismeñas aún vírgenes a la cría de ganado. Aprovechaba sus abundantes pastos, que servían de alimento a los animales, sobre todo, en época de lluvias. Una de las especies en las que más interés ponía la Compañía eran las ovejas, especialmente los corderos y borregos, a los que apartaban en rebaños específicos para su venta como carne, cuyo destino eran otros mercados nacionales donde existía un mayor hábito de consumo de la carne de estos ovinos.

Mi abuelo materno, Francisco Sánchez *El Quinto* —aunque su verdadero nombre era Raimundo— ejercía de pastor de uno de aquellos rebaños de borregos que pastaban por la Marisma. A su cargo tenía más de medio millar de cabezas, a las que conducía en sus movimientos de circunscrita trashumancia dentro de aquel ámbito marismeño, con asentamientos temporales que cambiaban conforme se agotaba el pasto de una zona y se trasladaban a otra.

Aunque la posguerra, con sus mortíferas hambrunas, se iba alejando en el tiempo, en Los Palacios, con un alto porcentaje de su población proletarizada, las necesidades seguían siendo muchas y la comida escaseaba en muchas familias. Mi abuelo era vecino de uno de los barrios más pobres el pueblo, El Pradillo, que junto al aún más humilde Cerro conformaban los dos núcleos de población que contaban con mayor número de carencias y necesidades. La pobreza en ellos era extrema y la raquítica alimentación la padecía mucha gente, que difícilmente superaba una comida al día.

La angustiosa búsqueda por llevar algo de comer a sus hijos resultaba una tarea titánica para muchos padres y madres que no disponían de ingresos, salvo algunos miserables jornales que en esporádicas ocasiones conseguían en días sueltos de trabajo en el campo. Mi abuelo, Francisco Sánchez, era una persona muy conocida entre sus vecinos y testigo directo de aquella dura realidad que azotaba a tanta gente. Desde su puesto al cuidado del rebaño de borregos en la Marisma era receptor de continuas visitas de residentes del Cerro y el Pradillo.

Rebaño de ovejas

Según atestigua mi hermano, que era el zagal que acompañaba a nuestro abuelo siendo un niño, a diario se presentaban donde él se encontraba al frente de los borregos grupos de vecinos de los citados barrios, que como si fuera una contraseña compartida le preguntaban: «Francisco, ¿hay algo, se ha muerto algún borrego hoy?», a lo que él respondía: «No, pero he visto uno que tiene mala cara y se puede morir».

Al día siguiente, aquellos vecinos volvían al lugar, introducían en los sacos la carne de aquel borrego que efectivamente aparecía muerto y regresaban al pueblo con avituallamiento de comida para sus familiares y vecinos por varios días.

La misma secuencia se repetía con frecuencia, con la misma pregunta y la misma respuesta de Francisco Sánchez: «He vuelto a ver otro borrego que creo que se va a morir mañana». De nuevo otro animal aparecía muerto y aquellos hombres provistos de sacos metían la mercancía en ellos y marchaban al pueblo con más carne.

Normalmente, en rebaños tan grandes solían morir por causas naturales, por comer alguna mala hierba o por atragantarse con cualquier objeto una cantidad importante de borregos, de los cuales los pastores debían dar cuenta a la empresa propietaria entregando de forma periódica las orejas de los animales como prueba acreditativa de su deceso y mediante la cual se averiguaba el número de cabezas que causaban baja en el rebaño. Pero el aumento de muertes en el que pastoreaba Francisco Sánchez hizo sospechar a los propietarios de que aquello no era normal y podría estar ocurriendo algo raro.

Para remediar el problema y aclarar aquel misterio, la Compañía cambió el método de contabilizar la mortandad de animales e impuso a los pastores la obligación de entregar la piel de los borregos que morían en los distintos rebaños, para comprobar así si el animal había sufrido una muerte violenta o expiraba por causas naturales. Este cambio complicó las cosas a mi abuelo, que hasta entonces sacrificaba a los corderos que daba a sus paisanos sin preocuparse de las marcas de heridas en la piel, pues solo tenía que preocuparse de que las orejas estuvieran intactas.

Francisco, guiado por su conciencia y el afán de ayudar solidariamente a aquella gente tan pobre y necesitada de comida para sus familias, no se resignó e ideó otra fórmula que burlara el nuevo sistema de control de la mortandad de miembros del rebaño que él conducía. Por cada cierto número de borregos muertos de forma natural, se morían otros por asfixia inducida, con lo que no le aparecían marcas de violencia en las pieles que debía declarar en la oficina de la Compañía Marisma de la Casa del Palo.

Esta táctica de mi abuelo ponía muy difícil a los propietarios poder demostrar que aquellos animales no se morían de forma natural y pudo seguir arrebatándoles a los ricos un bien de consumo cuyo destino era el negocio de la venta de su carne en mercados lejanos. Pudo darles a los pobres al menos una parte de esos bienes y paliar el hambre y la falta de proteínas de mucha gente que carecía de los más mínimos recursos económicos para alimentar dignamente a sus familias.

Durante varios años, vecinos del Cerro y El Pradillo siguieron visitando a Francisco en su puesto de pastor de borregos, en busca de aquellos ejemplares que se «asfixiaban» en extrañas circunstancias y que, una vez desprovistos de su piel, eran despiezados y trasladados al pueblo para dar de comer a sus familiares.

Nunca lo descubrieron, pero asumió un alto riesgo que, de haber sido detectado por los dirigentes de una empresa tan vinculada al régimen franquista, le habría supuesto un durísimo castigo. Su gesto altruista y solidario fue correspondido por sus vecinos y amigos con un silencio cómplice, que era la mejor forma de agradecerle aquel comportamiento pletórico de humanidad.

Los núcleos de población de las Islas del Guadalquivir

Con la llegada a la margen derecha del Guadalquivir de la Compañía inglesa Islas del Guadalquivir SA, en 1926, se inició el primer proyecto de puesta en cultivo de las marismas ubicadas en esa orilla del río. Esta empresa ejecutó una serie de obras e infraestructuras en las 25 000 hectáreas que adquirió al marqués de Casa Riera. Unas obras encaminadas a convertir aquellas tierras baldías en tierra fértil, y que consistieron en la construcción de caminos, canales, bombas, un tramo de ferrocarril, una línea telefónica, tendido eléctrico, varios muelles en el río y la edificación de varios asentamientos de población para acoger a la gente que trabajaría en el futuro cultivo de arroz.

El primero de tales asentamientos o poblados fue Alfonso XIII, inaugurado por el rey del mismo nombre en 1928 (durante la II República se llamó Villa del Guadiamar). En ese año la Compañía de los ingleses abandonó la Isla tras el fracaso de su primer ensayo de siembra de arroz y otros asuntos financieros turbios que le salpicaron. En ese tiempo también construyeron los poblados de El Puntal, Veta de la Palma, El Rincón de los Lirios, Reina Victoria o Colinas. Sobre la base que habían dejado los ingleses, se retomó el cultivo de arroz en esa zona en 1937, se ampliaron algunos poblados como El Puntal —hoy Isla Mayor y convertido en municipio— y se construyó, en 1939, otro nuevo al que, en honor del general golpista Queipo, denominaron poblado de Queipo de Llano, además de otro núcleo en las tierras de Isla Mínima, el Cortijo Escobar, que también acogió cierto número de trabajadores, construido en 1965.

Estos poblados contaban con servicios básicos muy deficientes: el agua era almacenada en depósitos, la electricidad de baja potencia, la escuela, donde existía, era precaria y sin medios, donde asistían alumnos que duraban hasta los diez u once años y la abandonaban para trabajar en el campo. En cuanto a la asistencia médica, lo máximo que existía en algunos poblados era un botiquín de primeros auxilios.

De esos poblados, hoy solo quedan el municipio de Isla Mayor, con cerca de 6000 habitantes, y Alfonso XIII, con unos 400, de los 1000 que llegó a tener en los años 50 y 60. Los demás han desaparecido todos, siendo llamativo el caso del poblado Queipo de Llano, que llegó a contar con 570 habitantes y hoy ya no queda ni rastro del mismo. El de Escobar o Isla Mínima llegó a tener 125 habitantes y hoy alberga a unas cuantas familias que trabajan en un lugar que está enfocado a celebraciones y a diferentes eventos.

En la orilla izquierda del río, en la Isla Menor, a partir de la década de los cuarenta, se fueron creando una serie de asentamientos que iban desde las casas dispersas y aisladas hasta la conformación de varios poblados. Desde el río arriba hasta el sur de Isla Menor y a lo largo de toda la ribera del Guadalquivir y el Brazo del Este, se ubicaron aquellos núcleos de población, que empezaban por Los Llanos y La Compañía o el «Tané» —como era conocido también—, que contaban en sus fincas con diversas casas diseminadas y un cortijo en La Compañía, que servían de residencia a los trabajadores temporales y a los capataces o encargados, con carencia de medios y servicios básicos —solo el cortijo disponía de electricidad—, quedando hoy como única edificación en esa zona. Continuando más abajo, se llegaba al primer asentamiento con categoría de poblado: Casudis.

Antigua ermita de Casudis

Casudis era y es el nombre de la finca, pero el poblado se llamaba Colonia San Vicente Ferrer, que llegó a contar con 310 habitantes de media y que, en los 50 o 60, llegaba a superar el millar en las temporadas del cultivo de arroz, desde la primavera hasta el otoño. Casudis contaba con electricidad, secadero, escuela, agua en un gran depósito que surtía a sus pobladores, economato, barbería, cantina, naves de almacenamiento de grano, ermita, talleres y hasta cine, siendo quizá el asentamiento con más servicios, aunque la asistencia sanitaria quedaba reducida a primeros auxilios con un practicante como máximo y sus vías públicas eran de tierra.

Monolito en la entrada del antiguo poblado Casudis

Hoy solo queda una vivienda habitada, la ermita y el depósito de agua, que aún siguen en pie, un edificio abandonado y las naves, que siguen siendo utilizadas como espacio auxiliar del enorme complejo de silos metálicos gigantes para almacenar arroz, construidos más recientemente y en torno a los cuales se desarrolla una importante actividad económica. El monolito de entrada al poblado, con sus letras en azulejos con el nombre de Colonia San Vicente Ferrer, ha resistido y aún se mantiene.

Muy cerca está Cotos Regables o El Coto. Este llegó a tener una población media de 330 habitantes, que aumentaba en primavera y verano. Allí también existió un conjunto de casas adosadas a ambos lados de una calle de tierra central, a las que el dicho popular bautizó como «El tren parado».

Antigua nave en El Coto

No había escuela, ni atención sanitaria, ni luz en las casas, pero contaba con economato y cantina. Cerca estaban el secadero, los almacenes para el arroz y la máquina de trillar, y en sus alrededores existían diversas casas y chozas diseminadas. Hoy solo quedan algunas de aquellas casas de su núcleo principal en ruinas y el secadero y el almacén de la máquina de trillar fuera de uso.

El Coto y Casudis fueron por excelencia los dos lugares más idóneos donde encontraron refugio muchos republicanos que huyeron de la persecución de la Guardia Civil. Allí se cobijaron durante años y formaron familia varios de ellos, aprovechando la vista gorda que hacían autoridades y patronos, para los que lo prioritario era disponer de mano de obra, sin importar de dónde venía. Ese ambiente de relajación de la vigilancia también propició que por allí pasaran determinado número de indeseables y maleantes de oscuro y deshonesto pasado, que protagonizaron algunos episodios de violencia y reyertas.

Algo más al Este de estos poblados se sitúa La Mejorada, junto al Río Viejo y frente al cortijo El Sargal. En esta finca, propiedad de la familia Guardiola Fantoni, existieron una veintena de viviendas y varias chozas en la orilla del río. Aquel asentamiento de varias casas adosadas y otras dispersas carecía de todo: era con diferencia el peor dotado. Vivir en él era experimentar un retroceso de veinte años respecto a los anteriores. No exagero si digo que era Las Hurdes de la Marisma. Sobre La Mejorada ya he dado más detalles en el capítulo de mi infancia. De lo que yo conocí, hoy solo quedan en pie, y en total ruina, El Sargal, Los Hiletones y la casa de Tablante donde viví siendo pequeño.

El Reboso era otro pequeño núcleo de viviendas, donde residió mi tío Manuel, el hermano menor de mi padre. Forma parte de La Primera Sección Regable y hoy queda en pie algún edificio deshabitado y un secadero de arroz en funcionamiento y que gestiona la Cooperativa de Arroceros del Bajo Guadalquivir. En la parte de La Primera Sección más cercana a Los Palacios y Villafranca existió una serie de viviendas muy dispersas, que van desde la Casa Curva hasta la conocida como casa del Canario, pasando por algunas situadas cerca de los secaderos y los grandes silos frente a la Casa del Palo. De estos secaderos aún siguen estando el de Godó, el de Porres o el de Camponuevo, frente a Los Chapatales. De las viviendas apenas queda rastro de varias de ellas y, en la actualidad, están deshabitadas.

Desde El Reboso y antes de llegar a La Segunda, está el Entre Diques, a orillas del canal o arroyo del Salado. Allí también existieron algunas casas, una de las cuales era la residencia de otros familiares míos (mi tía Catalina, su marido y sus hijos). En los inviernos lluviosos, con las crecidas del Salado, esas casas se inundaban y eran desalojadas por sus moradores, algunos de los cuales, como mi tía y mis primos, se refugiaban en nuestra casa de La Segunda hasta que pasaba la época de lluvias.

La Segunda Sección Regable es el límite de la parte arrocera con La Tercera Sección. Ya he apuntado antes que fue mi primer hogar, una de las casas aisladas que por allí había. Más adelante y junto al Canal del Brazo del Este, estaban una casa de bombas y un transformador. Tras ellos se situaba el poblado de La Segunda, que llegó a tener más de cien habitantes y en el que había cine, cantina, escuela, economato, un punto de primeros auxilios y un cuartelillo de la Guardia Civil.

Vivienda de La Segunda, aún en pie

Antigua casa de bomba de La Segunda. Detrás estaba el poblado

Frente a él y marcando la linde con La Tercera estaba la casa de Guardilla, una familia también de Los Palacios. Hoy no queda nada del poblado, solo se mantienen los edificios de la casa de bombas y del transformador, construidos hace cerca de un siglo con paredes blancas, cubiertas de tejas árabes y unas hermosas cornisas de ladrillo compacto sevillano, un bonito estilo arquitectónico que desgraciadamente se está perdiendo en la Marisma, a lo lejos quedan unas naves llamadas Las Cuadritas y la mencionada casa donde vivió Guardilla.

Por último y a unos kilómetros de La Segunda, está el poblado de COTEMSA, que lleva el mismo nombre de la empresa propietaria de toda la Segunda Sección. En él vivían varias decenas de familias y había una importante actividad con talleres de maquinaria y el secadero. Aún siguen habitadas unas cuantas casas, que también son de bonita estética y se mantienen en aceptable estado. Frente a ellas continúan los antiguos talleres, el secadero y los almacenes, pero ya todos fuera de uso.

Letrero de entrada a COTEMSA

Poblado
y antiguo
secadero de
COTEMSA

Todos los asentamientos a los que me he referido, salvo alguna excepción, surgieron al calor de la necesidad de capital humano para la transformación y cultivo de la Marisma arrocera, vivieron en los años cincuenta y sesenta del siglo XX, su época de esplendor y ebullición. A partir de los años setenta fueron desapareciendo a la par que la mecanización se imponía y el capital humano se volvía desechable.

Las faenas más agotadoras del trabajo en la Marisma

Desde el comienzo de la siembra del arroz en las llanuras marismeñas sevillanas, a finales de los años treinta del siglo XX, hasta la mitad de los sesenta, el citado cereal se recolectaba segándolo a mano.

Era una ardua labor, realizada en los meses de septiembre y octubre generalmente, aunque a veces se alargaba algunas semanas más.

Cuadrillas de diez o quince hombres cortaban los piquetes espigados y con el grano maduro, utilizando de herramienta cortante la hoz para segarlos y formar grandes haces, también llamadas *garbas* en el argot marismeño, pero mucho mayores que las de la planta.

Estas grandes gavillas las iban dejando los segadores en medio de las tablas, sobre el barro y el agua. Para evitar que el grano cogiera excesiva humedad, entraba en acción el charrasquero, un segador dedicado a cortar, con una gran hoz llamada charrasco, los haces por la mitad, dejando en la tabla la parte inferior de los mismos y encima de esta el tramo de las espigas para que se secasen al sol.

Después de unos días de soleo, las garbas con las espigas se sacaban de las tablas con trineos deslizantes de madera, tirados por mulos con sus cascos enterrados en el barrizal, se subían a los remolques y se trasladaban al lugar destinado a su trilla. Normalmente, solían ser sitios que estaban cerca de las zonas de siega, instalándose en ellos las máquinas trilladoras fijas. Una vez que la carga se situaba frente a las mismas, se lanzaban las citadas espigas a la boca de aquellas, para que, en su mecanismo interior de cilindro con dientes y sistema de cribado, se desarrollase el proceso de separación del grano de la paja.

Los granos de arroz salían por una boca lateral de la máquina y se envasaban en sacos, que a su vez se llevaban al secadero. Allí se vaciaban y se extendían en grandes explanadas para su secado por efecto de los rayos solares, consiguiendo así reducir la humedad de dichos granos.

Después, llegaron los secaderos mecánicos que secaban el cereal con aire caliente, conducido por una red de tuberías que evaporaba la humedad.

El método usado en este proceso era el calentamiento del aire, a raíz de la generación de calor de una máquina —que por aquí se llamaba mechero—, alimentada por fuel-oil como combustible.

Este sistema fue un gran salto adelante en el secado del arroz, multiplicando la eficacia con respecto al secado natural.

La siega a mano, un trabajo de alto riesgo y peligroso

El ingente y heterogéneo colectivo de proletarios que acopiaba de mano de obra para la siega, a las diferentes fincas arroceras de la geografía marismeña procedía de los municipios ribereños y de otras localidades más alejadas. Venían de pueblos de Badajoz, de Cádiz o de la misma provincia de Sevilla.

Con la llegada de septiembre, iban arribando a los diversos núcleos poblacionales de las dos orillas del río cientos de personas, en su mayoría hombres. Una vez allí, se aplicaban en la praxis de la siega con hoces de unos piquetes de arroz, que en ese tiempo habían adquirido su máxima altura de un metro aproximadamente, alcanzando el pleno desarrollo de sus granos y espigas, aptos ya para su recolección.

La belleza paisajística de esos grandes llanos, impregnados del color amarillo que les aportaban las espigas de arroz, a ojos de aquellos obreros, que por la mañana entraban descalzos en las tablas, semejantes vistas estaban despojadas del más mínimo sentido poético.

La modalidad del destajo, característica de la siega y de la planta, embrutecía sobremanera a unos desdichados que sufrían en sus carnes los fuertes dolores de riñones y extremidades que les causaba un trabajo tan severo como la siega manual del arroz.

Grupo de segadores

El oficio de segador era una actividad de alto riesgo para la salud e integridad física en las zonas arroceras del Bajo Guadalquivir. El uso para la siega de herramientas cortantes como la hoz y el charrasco ocasionaba a menudo importantes heridas en los pies, manos y espinillas. Era muy frecuente que un segador se cortase la espinilla o un dedo con tan riesgosos instrumentos, o incluso se seccionara completamente algunas partes de los dedos de las manos.

El empleo del charrasco para cortar las garbas era la tarea más peligrosa y la que más fuerza física demandaba, pues el gran impulso que necesitaba el charrasquero para cortar el haz de arroz lo desequilibraba a veces, hasta tal punto que podía llegar a cortarse el pie o seccionarse algún dedo del mismo. A esto se unían las infecciones en las uñas de los pies, provocadas por el barro y el agua turbia.

Estos accidentes se producían en un escenario en el que, como he dicho en mi relato antes, solo existía un botiquín en algunos tajos, donde la curación consistía en agua oxigenada, mercromina (*crómer*) y el vendaje con gasas y esparadrapo. Con tan precaria atención sanitaria, aumentaba en muchos segadores que sufrían estos accidentes la probabilidad de la aparición de infecciones más graves o de la gangrena en sus heridas de pies, manos, espinillas o dedos.

Transporte por la tabla de garbas de arroz segado

Todo esto convirtió la siega a mano del arroz en la faena de mayor índice de siniestralidad laboral, seguida de cerca por la actividad del fangueo con tractores, que ocasionó varias muertes de tractoristas sepultados en los sacatierras, puntos dentro de las tablas donde había menos firme y el tractor, a menudo, se enterraba y volcaba encima de su conductor.

La comida y el alojamiento

Por pura biología, los segadores debían acometer dos funciones vitales para disponer de la capacidad física necesaria que les permitiera un buen rendimiento en su oneroso trabajo: el alojamiento y la alimentación.

Como he citado antes, la faena de la siega, junto a la planta, era la más dura y peligrosa, atenuada con respecto a esta en que la jornada duraba menos horas por razones estacionales. Al contrario de los plantadores, los segadores caminaban hacia delante cortando las matas de arroz. El colosal esfuerzo que realizaban necesitaba el aporte de gran cantidad de calorías, para que les dieran la suficiente energía con la que afrontar el reto de segar el mayor número de m^2 posible. Para ello, el menú solía ser el siguiente: por la mañana, pan con morcilla, tocino o chorizo; a mediodía, guisos cocinados en grandes ollas, de garbanzos, legumbres, papas con algo de carne o arroz —también ingerían carne de aves acuáticas—. Todo lo anterior lo acompañaban de pan, tomates, aceitunas y vino, comida que remataban con alguna fruta como el melón. Por la noche, también solían comer guisos, aunque de forma más liviana.

Cada cuadrilla disponía de un cocinero o una cocinera que traían ellos o la contrataban por su cuenta en los asentamientos, siendo mi madre una de esas personas que durante años se dedicó a cocinar para los segadores y plantadores. Cuando era pequeño, allá en La Mejorada, recuerdo que me movía en el sombrajo habilitado detrás de mi casa, por medio de las cuadrillas de aquellos hombres a la hora del almuerzo. Muchos de ellos me trataban con simpatía y cariño. Pero un detalle que me llamaba la atención y se me quedó grabado es el fuerte olor a sudor que desprendían aquellas personas, consecuencia, además de su esforzado trabajo, de la falta de aseo e higiene, unos hábitos casi inexistentes en esos lares marismeños.

En cuanto al alojamiento, aquella gente lo llevaba mal, teniendo que pasar las noches, después de venir cansados de segar en los arrozales, en chozas de pasto, en barracones o en almacenes de grano, totalmente hacinados y durmiendo en el suelo en muchas ocasiones.

A diferencia de los anteriores, que llegaban de fuera, los segadores de poblaciones cercanas, como Los Palacios, iban y venían diariamente a los tajos, con lo que solían llevar en sus capachas las viandas del desayuno y el almuerzo, cenando y descansando en sus casas por las noches.

El día a día de un jornalero del pueblo durante la temporada de siega

Según el testimonio de Antonio Duque, hombre de Los Palacios y Villafranca que conoció y trabajó en la siega manual del arroz, las temporadas de siega duraban en torno a dos meses, septiembre y octubre.

Una jornada ordinaria suya empezaba levantándose muy temprano y preparaba la quincana con el bocadillo y el almuerzo. Después, la ataba al portamaletas de su bicicleta y emprendía la ruta a pedales hacia La Primera Sección. Otros iban al Coto, Casudis, La Mejorada, La Segunda o El Reboso, que estaban a diez o quince kilómetros del pueblo; algunos en bicicleta y gran parte de ellos se trasladaban en furgonetas de transportistas palaciegos.

Antonio iba en compañía de más obreros por caminos de tierra que, cuando llovía, se transformaban en pistas de barro impracticables. Una vez que dejaba de llover, debían en muchos tramos con fango echarse la bicicleta al hombro. Después de tamaño esfuerzo matinal previo, junto a sus compañeros de cuadrilla, tenía que emplearse a fondo con el objetivo de fabricar muchas garbas de arroz segado, metiéndose en un terreno con más barro que agua, donde estos elementos, en pleno otoño, ya comenzaban a estar bastante fríos para andar descalzo.

Al final de tan intensa jornada de corte de matas de arroz, sin apenas levantar cabeza, regresaba al pueblo otra vez en bicicleta.

Confiesa que, cuando terminaba la temporada de siega, quedaba reventado de tanto sobresfuerzo al que a él, igual que a los demás, los obligaba el inhumano trabajo por cuenta o destajo. Dice que ganaban mejor salario que trabajando a jornal, pero no dejaba de ser un bajo sueldo en comparación con la extenuante labor desarrollada.

Llegaron las cosechadoras

A partir de la segunda mitad de los años sesenta del siglo XX, las máquinas cosechadoras, con orugas de hierro para moverse por el húmedo y fangoso suelo de las tablas, hicieron su aparición por la planicie marismeña.

Su rápida consolidación, como el nuevo y moderno sistema de recolección en los arrozales, significó el pase a un estadio superior en la forma de recoger la cosecha de este importante cereal, componente de decenas de recetas en la alimentación humana.

Aquellas máquinas Claas o New Holland —después Clayson—, que fueron las primeras que se vieron por aquí, liberaron a personas y animales del fatigante y agotador trabajo de la siega a mano, impulsando el aumento de la superficie de tierras labradas para la siembra de más arroz. Pero como en todo proceso de cambio y transformación en el modo de producción del capitalismo, las personas no importan. El capital humano y su fuerza de trabajo son desechados en aras de la eficacia, la productividad y el beneficio empresarial.

La sustitución del trabajo manual por el mecanizado nunca ha ido acompañado por medidas sociales y políticas que amortigüen el efecto, muchas veces catastrófico, de la pérdida del empleo en los trabajadores.

Este hecho siempre ha sido especialmente doloroso en el caso de las jornaleras y jornaleros del campo, el sector más precario y peor tratado dentro de la clase obrera. Visto con los ojos de hoy en día es difícil sentir tristeza o pena por la pérdida de aquellos empleos tan míseros y mal pagados, pero, en aquel contexto histórico, esos cambios tan bruscos y la desaparición de miles de jornales fueron una tragedia para mucha gente que quedó en el paro y sin alternativas para su reciclaje en otros trabajos.

He querido dejar como colofón a este repaso sobre lo que significó ese claroscuro en la historia marismeña, con el fin de la siega a mano y el surgimiento de las máquinas para realizar esa faena, algo que considero muy importante. Se trata de mi particular y merecido homenaje póstumo a un palaciego que destacó en vida por tener la virtud y la dicha de ser un jornalero del arroz devenido en un excelente poeta. Supo reflejar en su poesía la dureza y las penalidades de los obreros de los arrozales.

Lo hizo con la pasión y el sentimiento de alguien como él, que vivió aquello siendo un trabajador de la Marisma, y que conoció, junto a otros miles, la brutal explotación que allí se ejercía. Me estoy refiriendo a Manuel Jiménez Martín, más conocido por Manuel de Fora.

Manuel de Fora nos dejó en 2015, tras una vida de fervorosa devoción por la poesía. Fue un autodidacta, favorecido por su vena poética y sus afanosas lecturas de personajes como Miguel Hernández, Vicente Aleixandre o Rafael Alberti.

Escribió y publicó varios libros de poemas, recibiendo el Primer Premio del Certamen de Poesía Local en 1982.

Y nunca dejó de lado su origen de humilde jornalero del campo.

Estos dos poemas de Manuel de Fora son un homenaje y una especial deferencia a los anónimos protagonistas de las dos faenas más duras del trabajo en las marismas arroceras.

A la siega, madre, con pies descalzos,
a la siega, madre, a segar los campos.

Entre arrozales, voy cantando,
entre arrozales, voy andando,
con el arroz al cuello, entre el barro, voy soñando.

Personalmente, tuve el honor de conocerlo y tratarlo, pues ambos teníamos coincidencias ideológicas en muchos aspectos, sobre todo, en lo referido al mundo del trabajo. Coincidí con Manuel en aquel acto inolvidable en la Peña El Pozo de las Penas con Rafael Alberti y Fernando Quiñones, el 27 de septiembre de 1984. Aún recuerdo su cara de emoción cuando, junto a Mari Carmen Ayala y otros poetas locales, le recitó a Alberti algunos versos del mismo Manuel. Otro obrero de la Marisma que, por su talento, forma parte de nuestra historia. Me acuerdo muy bien de él: se ganó mi respeto y afecto. Seguiremos echando en falta a este hombre sencillo que era Manuel de Fora.

La planta a mano

Junto a la siega, la planta de arroz a mano estaba considerada como una de las ocupaciones más duras que se conocieron a lo largo y ancho de los arrozales marismeños.

Aún no está claro, entre los protagonistas que conocieron las dos tareas, cuál de ellas encabezaba el indecoroso ranking en cuanto a la dureza de ambas actividades.

Cuadrilla de plantadores de arroz

Hombres plantando, la mujer acercando las garbas y, al fondo, el hombre con el trineo cargado de garbas que eran repartidas por las tablas

Unos dicen que la siega, pero que contaba con el atenuante de que duraba menos horas.

Otros dicen que la planta porque, además de provocar los mismos dolores que aquella, había que echar más horas de trabajo.

Más allá de esta dualidad de puntos de vista, las dos eran labores extremadamente fatigosas. En cuanto a la planta, he abundado más sobre ella en otros capítulos de mi descripción del trabajo humano en la Marisma por el motivo de haberla conocido más de cerca, pues la planta a mano sobrevivió a la siega casi una década.

Generalmente, en abril, se daba comienzo a los trabajos previos de preparación de la tierra, con su arado, con la formación de los almorrones que dividían las tablas y sus correspondientes piqueras de entrada y salida de agua.

Antes de eso, en marzo, se apartaban pequeñas superficies de terreno para las planteras.

Eran las primeras que se labraban y se dotaban de muretes de delimitación y de sistemas de entrada del agua y desagüe de la misma. Una vez nivelada e inundada, se procedía a la limpieza de restos de piquetes de la temporada anterior y se distribuía por ellas un líquido insecticida para eliminar bichos e insectos que pudieran dañar la semilla.

Este producto, del que hago mención en otro capítulo, se llamaba, por lo menos el que yo utilizaba, Malatión Serpiol, que era altamente tóxico. Se repartía en las planteras con el método de volcar una parte del contenido de una lata de cinco litros en un cubo con agua. Una vez mezclado, te metías descalzo en la tabla de la plantera y con una latilla lo ibas rociando por la lámina acuática.

Ese trabajo se realizaba manipulando el veneno líquido con las manos, sin guantes, sin mascarilla y sin atuendo de protección, asumiendo así un alto índice de probabilidades de envenenamiento. Como se puede deducir, en aquel entonces, lo de los EPIS (Equipos de Protección Individual) era un término inexistente en el léxico del trabajo marismeño.

Las semillas que se habían de sembrar en las planteras, como germen de los futuros piquetes, se transportaban en sacos de setenta u ochenta kilos, desde el almacén al campo, donde se sumergían en agua para facilitar la germinación del embrión de los granos.

Después de veinticuatro horas, se extraían los sacos de la reguera, donde se habían colocado para su remojo, y se procedía a su vertido proporcional en una espuerta, que se la colgaba en el cuello el obrero sembrador.

Este, con sus manos y andando por la plantera, desperdigaba las semillas, de manera que propiciara el nacimiento superintensivo de las matas de arroz. Como nos podemos imaginar, era todo un proceso que imponía un enorme derroche físico a los jornaleros.

Reparto en trineo de garbas para plantarlas

De la plantera a la tabla

Mujeres limpiando planteras

En la segunda quincena de mayo aproximadamente, los tallos surgidos de las semillas de arroz alcanzaban los veinticinco o treinta centímetros de altura, una medida considerada idónea para su arranque y para ser transportados a las parcelas inundadas de cada finca.

Con las primeras luces del alba, en torno a las seis o seis y media de la mañana, un pequeño grupo de braceros iniciaba el arranque de las matas. El procedimiento usado en ese quehacer consistía en arrancar con las manos puñados de tallos que, cuando llegaban a los diez centímetros de diámetro, se ataban con hilos de esparto de los macillos que cada obrero llevaba amarrados a su pierna, formando así la garba de arroz verde.

La planta del esparto se denomina científicamente *Stipa Tenacissima*, más conocida como atocha. Es una gramínea perenne que se cría principalmente en el sureste de la Península Ibérica. La fibra obtenida de esta planta, por su flexibilidad, era la que mejor se adaptaba para el atado de las garbas y su transporte.

Los manojos extraídos de las planteras se sacaban de las mismas en trineos tirados por mulos, en los que se formaban grandes montones de aquellos fajos de tallos, con los que se abastecían las superficies que se tenían que plantar.

Después de dos intensas horas matinales de arranque y reparto de garbas, las cuadrillas al completo se empleaban en la pesada labor de coger aquellos manojos de hilos de arroz, dividirlos en piquetes y enterrarlos con las manos en el fondo de las tablas.

La planta de arroz a mano narrada por algunos protagonistas

Manuel García, Francisco Castillo o Juan García, todos trabajadores del campo y que simbolizan a los miles que sufrieron aquella situación laboral, me contaron que ellos plantaron arroz durante varios años.

Los primeros años se trasladaban en bicicleta a las zonas más cercanas; después en ciclomotor y, cuando tenían que ir a lugares más distantes, como El Coto, Casudis o a la margen derecha del río, lo hacían en furgonetas de gente de Los Palacios que se dedicaba a trasladar jornaleros a sus diferentes tajos. Brenes, Tablilla o El Pescadero solían ser los más habituales.

Empezaban a las claras del día, a las seis y media o siete de la mañana, en el arranque y fabricación de garbas de tallos, que después repartían por la superficie a plantar. En torno a las nueve, comenzaba la colocación de piquetes, labor que ejecutaban cuadrillas de diez o quince personas, a las que acercaban las garbas dos garberos o garberas, siendo esta actividad también muy agotadora. Era un continuo movimiento dentro de la tabla, cogiendo con ambas manos los fajos de arroz previamente repartidos para acercarlos a los pies de los plantadores. Dicen que estas personas acababan igual de destrozadas que ellos al final de la jornada.

Me han contado también que esa ardua tarea se alargaba hasta que el sol se ocultaba tras la línea del horizonte, a eso de las ocho u ocho y media de la tarde, solo con la pausa del almuerzo del mediodía.

Es decir, una peonada de once horas de trabajo que les dejaban la fuerza justa al llegar de regreso a casa para comer y descansar, reponiendo así la necesaria energía para afrontar la siguiente jornada plantando arroz agachados, caminando hacia atrás metidos en agua y sin levantar cabeza. Como el trabajo era por cuenta, había que apretar al máximo y aprovechar la temporada de planta para sacar algún dinero.

Cuando esta terminaba, no te quedaba cuerpo para nada, los riñones no te los sentías, no podías con las piernas y te dolía todo. Dando gracias, además, de que no te hubiese dado un ataque de lumbago, que no se te hubiera hinchado la muñeca o que no se te aguara un dedo —infección causada por el efecto del barro que se introducía en las uñas—.

Manuel, Francisco y Juan, que también conocieron el oficio de segadores, me contaban que iban a su casa todos los días, pero los que venían de fuera a echar la temporada de planta, como nómadas, lo pasaban peor, al tener que alojarse en chozas o barracones.

Plantar arroz exigía cumplir en su ejecución con unas determinadas normas y requisitos que garantizaran la buena crianza y desarrollo del cereal en aras a conseguir una buena cosecha.

Según estos tres obreros, el trayecto de punta a punta o lucha, habitualmente de cuatrocientos o quinientos metros, debía ser recto, para lo que en un extremo de la misma se adelantaba el cortador, un plantador experimentado que iba marcando la línea maestra del tramo a plantar.

Debían cumplir, bajo la atenta observación del manijero, con la obligación de clavar dieciocho o veinte piquetes por metro cuadrado, algo que se complicaba a veces por las prisas del destajo, al no profundizar lo suficiente en el barro las citadas matas de arroz.

Estas, a las que llamaban «barcos», se iban a flote y dejaban claros que se habían de reponer.

Recuerdan que, por esas fechas, el agua por las mañanas solía estar bastante fría. Además, tras terminar cada una de las largas luchas, el único alivio que sentían era cuando llegaban a la punta y tomaban el trago, en una latilla, del vino que contenía aquella garrafa que los esperaba al final del trayecto.

Sobre el vino existía la creencia de que les daba fuerzas para poder así resistir mejor la paliza que se daban en tan agotadora faena.

Cambio de ciclo

Al igual que años antes había ocurrido con la siega, la planta de arroz manual se sustituyó por la siembra mecánica. Primero fue la máquina de voleo, que, enganchada a un tractor, iba vertiendo directamente en el terreno las semillas. Después llegaron las avionetas, que también sembraban y siembran a voleo, pero lanzando los granos desde el aire.

Hay que decir que con este sistema suelen quedar espacios, llamados lucios, en los que no germina el grano, con lo que hay que recurrir a su replantado a mano, usando el método tradicional de la antigua planta. Aunque se mantiene la misma sensación desagradable de trabajar con los pies mojados, esta labor se realiza durante muchas menos horas y sin el agobio del destajo.

Otros trabajos manuales penosos que se hacían en la Marisma

Aunque la siega y la planta a mano estaban a la cabeza de los más duros y pesados trabajos manuales que se desarrollaban en la Marisma, había otras actividades manuales vinculadas a la crianza del arroz que resultaban fatigantes y penosas.

Por ejemplo, la siembra en las planteras, con un operario, de cuyo cuello colgaba una espuerta con treinta o cuarenta kilos de semillas, que esparcía a mano por medio del agua, ya he apuntado antes, que no era precisamente un trabajo agradable.

Otra ocupación muy parecida, en la que también colgaba del cuello del obrero una espuerta, era la del abonado, en la que el abono sustituía al arroz como contenido de la misma, que los hombres extendían con la ayuda de un plato, por medio del arroz ya nacido. Antes de establecerse el abonado aéreo, a lo anterior le sustituyó la distribución de abono con un trineo de tracción animal, sobre el que se colocaba un cajón lleno, desde el que la persona encargada de tal labor lanzaba el fertilizante sobre el arrozal.

Abonado de la tierra antes de plantar

Abonando a mano las tablas de arroz

En el listado de tareas penosas tampoco se debe olvidar la necesaria siega de los canales de riego y desagües, para facilitar que el agua circulara con mayor celeridad. Esto se hacía con el segador metido en agua hasta la cintura y con una guadaña cortante y peligrosa.

Conclusiones sobre la planta y la siega a mano

Como testigo —que no protagonista por mi corta edad— de aquella forma de trabajar, me he preguntado después cómo era posible que los trabajadores y trabajadoras se resignaran a naturalizar tales condiciones de trabajo.

Porque aquello, en particular la siega y la planta, era la palpable demostración de la explotación obrera elevada a la máxima potencia.

Con el paso del tiempo y después de reflexionar sobre ello, aunque parezca cómodo hacerlo desde una perspectiva histórica y con los ojos de la vida actual, he llegado a la conclusión de que las desdichas de las personas sufridoras de aquella triste realidad se debían a varios factores:

Primero, a su pobreza extrema, a la que unían una numerosa prole familiar en la mayoría de los casos.

Segundo, su alto grado de analfabetismo, que las sumía en la ignorancia absoluta y en la ausencia de conciencia sobre el mundo exterior.

Tercero, el desconocimiento completo sobre sus más elementales derechos como personas.

Y cuarto, el miedo endémico, un sentimiento paralizante transmitido de padres a hijos, como fruto del terror impuesto por la dictadura franquista desde el 36 y que esos años estaba en pleno apogeo, reprimiendo sin piedad cualquier acto de reivindicación obrera.

La toma de conciencia de todo lo anterior me dio la respuesta y me hizo comprender, hace tiempo, que esas eran las causas de la alienación de aquella gente y de su anulación como personas con legítimos derechos.

Pobreza extrema

Abundando en este concepto que he utilizado antes, para explicar las causas principales del sometimiento y resignación de miles de personas que laboraban en aquel universo arrocero, creo que es importante precisar algunos aspectos. Estos nos ayudarán a comprender el papel determinante de la base material y la ubicación de las familias jornaleras en el organigrama de las relaciones de producción.

La escritora mexicana Rocío Enríquez-Rosa describe, en su obra *El crisol de la pobreza*, la marginalidad de miles de mujeres de la periferia de varias grandes urbes de México. El nombre de crisol es empleado por ella como un modelo analítico que define la pobreza urbana en un contexto específico.

Aquí, en ese metafórico crisol de la pobreza, en el fondo del mismo, se hallaban las personas trabajadoras en toda la geografía de la Marisma del Guadalquivir.

Diversos organismos internacionales, entre ellos la propia ONU, establecen que las dimensiones de la pobreza son las siguientes: el rezago o atraso educativo, el acceso a la salud, el acceso a la alimentación, el acceso a la Seguridad Social, la calidad y espacios en la vivienda, los servicios básicos de la vivienda y la cohesión social.

En cada una de estas facetas, las personas que habitaban y trabajaban en aquel territorio se hallaban en el escalafón más bajo, lo que traducía sus vidas en la Marisma en una perfecta síntesis de la pobreza, condicionante de todos sus movimientos y de su existencia misma.

2. Mi paso por La Segunda y La Mejorada

Son escasas y turbias las primeras imágenes que perviven en la mente de mi más temprana infancia en una finca arrocera llamada La Segunda (Segunda Zona Regable del Bajo Guadalquivir), situada en la Isla Menor, en la margen izquierda del Guadalquivir (Río Grande, como lo llamaron los árabes cuando lo descubrieron), perteneciente a la compañía COTEMSA.

En ese inicio de la década del sesenta del siglo XX, recuerdo que vivía en una humilde y típica casa marismeña, con mis padres Juan y Carmen, con mis abuelos Francisco y Basilia, con mi tía Eduarda y con mis hermanos Curro, Amparo y Encarna. Nueve personas conviviendo en un espacio pequeño y sin los más elementales servicios básicos, como agua corriente, alcantarillado o luz eléctrica. Solo alcanzo a recordar el trasiego de hombres, mujeres y también menores de edad, que iban y venían de trabajar en los campos de arroz tras larguísimas jornadas de dura faena, descalzos y con los pies enterrados en agua y barro.

Las humildes viviendas estaban aisladas y rodeadas de tablas de arroz, en las que yo, como cualquier niño, no resistía la tentación de meterme y acababa enterrado en ellas, con mi madre sacándome de allí con la consiguiente bronca.

Cerca vivía gente de otros pueblos y de Los Palacios, como la familia Valiente, la del encargado Manuel Fernández, la de Francisco Ratón, la de los Chano o la de mi padrino, Pozo, con los que mis padres mantenían una relación de buena vecindad. En la mayoría de aquellas casas solían estar prácticamente todo el año esas familias, ya que no disponían de ningún medio de transporte para venirse al pueblo en invierno, siendo una característica habitual de todas ellas la cría de aves de corral para ayudar a su subsistencia gracias a su carne y huevos. A mí y a otros niños lo que más nos atraía de aquello eran las gallinas, los pavos y los patos, con los que disfrutábamos intentando jugar con ellos como si los animales pudieran entender lo que era el juego y nuestro comportamiento infantil.

Los Chano vivían en un recinto que agrupaba varias estancias donde residían diferentes familias. Ese lugar se llamaba El Rancho Villa, muy cerca de donde yo vivía y al que iba con frecuencia a jugar con otros niños.

De esas familias que allí tenían su hogar, me acuerdo de la de Pepe Moya y su mujer, *La Nena*, prima de mi madre, y de sus hijos. La otra que recuerdo, como he apuntado antes, era la del Chano y su mujer María *Lengua*, cuyo hijo Curro, aunque varios años mayor que yo, solía tratarme de forma amable, pues le gustaba juguetear y entretenerse conmigo y los demás niños.

Curro Romero o Curro el Chano, como se le conoce en el pueblo, me contó que en una ocasión yo andaba jugando muy cerca de un desagüe que en su fondo contenía gran cantidad de cieno. En uno de mis movimientos de juego, caí al lecho de aquel canal enterrándome por completo en el mismo. Una de mis hermanas dio el grito de alerta cuando me vio caer y Curro, que estaba próximo al lugar, me sacó de aquel cenagal tirándome de los pelos. Lo más probable es que, si no se hubiera dado cuenta nadie, me habría ahogado en aquel desagüe.

Este episodio, que guarda cierta similitud con el que tuvo como protagonista a mi hermano mayor varios años antes en El Coto, además de oírlo de Curro el Chano, se lo escuché en varias ocasiones a mi madre y a mi tía Eduarda.

Sucesos como estos eran corrientes en los asentamientos marismeños, dada la gran cantidad de niños pequeños que deambulaban y jugaban en los bordes de regueras y desagües. Aunque tampoco tengo constancia de que se produjeran muchos accidentes graves o hubiera que lamentar muertes o desapariciones, probablemente se daría el caso en algunos lugares.

En lo que a mí respecta, posiblemente no lo hubiera contado a no ser por la actuación de Curro el de María *Lengua*, al que le quiero reconocer su decisivo gesto de auxilio cuando me sacó de aquel barrizal.

Vagamente aún recuerdo la llegada del primer radio a aquella casa. Aquel aparato era enorme y se lo vendió Juan Campanario a mi familia. De aquel radio lo único que se me ha quedado grabado es que hacía un ruido insoportable y que no se escuchaban las palabras de los locutores. Mi hermano Curro me explicó, años después, que eso se debía a que él y nuestra tía Eduarda jugando lo habían dejado caer, quedando inservible y frustrando las expectativas que la llegada del primer radio había generado en toda la familia. El asunto se pudo resolver cuando Campanario se lo llevó y nos trajo otro más pequeño, pero que funcionaba y nos permitía estar conectados de alguna manera con el mundo exterior y sentir la sensación de salir, gracias a las voces que llegaban a través de las ondas, de aquel micromundo aislado y gris.

Además de lo antes relatado, conservo en la retina imágenes inconexas, como la llegada algunas mañanas de Marcelino con el pan de Las Cabezas en motocarro, después de haber progresado notablemente, pasando de repartir el pan en un caballo a aquel nuevo medio de locomoción; o como el trato cariñoso que me daba un hombre de Lebrija apodado Cachorro, que incluso me dio a probar la carne de tortuga.

También recuerdo la llegada periódica por aquellos lares de la entonces temida Guardia Civil, a la que todo el mundo llamaba «la pareja», de la que me ocultaba debajo de la cama cada vez que aparecían por nuestra casa. Más por escuchar de los mayores las opiniones negativas sobre la Benemérita que por miedo a que me hicieran algo, porque en realidad aquellos hombres también estaban mal equipados y mal pagados (aunque mejor que los jornaleros), y muchas veces visitaban las casas a ver si les servían algún plato que comer.

Mi corta edad y el poco tiempo que permanecí allí no daban para reportarme más recuerdos de mi estancia en La Segunda, de la que me trasladé junto a mi familia, en una furgoneta alquilada con los pocos enseres que poseíamos, a otra zona arrocera conocida como La Mejorada, allá por 1961, y en la que a mi padre le ofrecieron el cargo de capataz en mejores condiciones que en La Segunda.

Llegada a La Mejorada

La Mejorada era una gran finca de en torno a quinientas hectáreas, situada a varios kilómetros río arriba y en la misma Isla Menor, junto a las tierras de El Sargal. Tanto una como otra eran terrenos bastante inhóspitos, dedicados históricamente a la cría de ganado, tanto de lidia como caballar, y escasamente cultivadas.

El aumento del consumo interno de arroz y la necesidad de disponer de más cantidad de este cereal para dedicarlo a la exportación motivaron que se destinaran más tierras para el cultivo del arroz, una planta que se adaptaba muy bien a aquel terreno de marisma, por lo que el Régimen de la Dictadura decidió que había que roturar nuevas tierras y convertirlas en cultivables, ofreciendo a un ganadero como Guardiola esta finca, de propiedad estatal, para siembra de arroz.

Previamente se construyeron las canalizaciones de riego, desagües y sistemas de bombeo, así como los caminos que dividían las tablas, unas obras de infraestructuras realizadas por la empresa Goypesa y que se fueron ampliando conforme aumentaba la superficie para sembrar. Fue así como Salvador Guardiola, del que se decía que tenía una gran relación personal con el mismo Franco, pasó a convertirse en terrateniente arrocero y por eso a la finca le pusieron La Mejorada, que pasó de marisma improductiva a marisma transformada y a gran productora del cereal de grano blanco (hay que aclarar que aquella no tenía nada que ver con La Mejorada donde está el cortijo y se halla muy cerca de Los Palacios y Villafranca en dirección a Dos Hermanas, aunque se llamen igual).

Este trato de favor recibido de su amigo el dictador permitió a Guardiola sumar esos centenares de hectáreas a otras muchas que ya poseía en el lugar conocido como Caño Navarro, a pocos kilómetros de distancia, y dedicados a la cría de toros bravos, siendo allí donde se instaló el secadero de todo el arroz de La Mejorada.

De manera algo más nítida se fueron grabando en mi retina las escenas de nuestra llegada a La Mejorada. Nos alojamos en una casa muy modesta encuadrada en un edificio de una sola planta llamado Tablante, en el que coexistían otras míseras estancias a las que difícilmente se les podía llamar viviendas, y la casa del jefe de cultivo, que además de habitaciones, salón y cocina disponía hasta de chimenea. En esa casa nos tuvimos que ajustar los nueve miembros de mi familia. En las otras, junto a la del jefe de cultivo Juan García «Peseta», se instalaron otras familias de trabajadores, entre las que estaba la de mi tío Manuel, hermano de mi padre. Frente al edificio Tablante estaban una gran explanada y el Río Viejo (un meandro del Brazo del Este), que con su abundancia de eneas, carrizos y agua servía de hábitat a una variada fauna de aves acuáticas como zarcetas, patos, gallos azules, polluelas y fochas comunes —a las que aquí se las conoce como gallaretos—, junto a garzas y espátulas.

La caza de algunas de esas especies, como patos, polluelas, gallaretos o gallos azules, servía de complemento a la dieta de muchas familias, porque entonces la caza para los pobres no era ningún deporte, era una actividad que ayudaba a sobrevivir y que la tenían que realizar furtivamente. Para los señoritos, en cambio, sí era una diversión ir de cacería y ver cómo los obreros, a los que cínicamente llamaban «secretarios», les acercaban las piezas que mataban con sus escopetas haciendo el papel de perros.

Antiguo edificio llamado Tablante, donde se encontraba la casa donde viví en La Mejorada

Antigua chimenea de mi casa de Tablante

Con mis hermanas mellizas, Amparo y Encarna, junto a la casa de Tablante

En mi casa trabajaban mi padre de capataz, mi abuelo Francisco, mi tía Eduarda, mi hermano Curro y mis hermanas Amparo y Encarna (aun siendo estos tres menores de edad). Trabajaban todos de jornaleros en las zonas de arroz. Mi madre, además de la faena de la casa, cocinaba para los trabajadores en las temporadas de planta y siega para ayudar un poco a los exiguos sueldos que entraban en la familia. Los únicos que no trabajábamos entonces éramos mi abuela, que no podía por su obesidad, y yo, que era muy pequeño.

En esos primeros años sesenta aún se trabajaba de forma primaria en la tierra, arando con mulos las planteras, plantando a mano, segando también a mano, trillando el arroz en unas máquinas fijas llamadas Batlle, a las que se alimentaba lanzándoles las garbas por una punta para que separaran la paja del grano, expulsando el pasto por un lado y los granos por otro, y que se recogían en sacos, faena esta muy peligrosa, pues los trabajadores tenían que acercarse mucho a la boca de la máquina, corriendo un alto riesgo de tener accidentes, algo que era frecuente y que llegó al extremo en otra finca de arrancarle a una mujer un trozo de la cabellera al ser enganchada por la máquina.

Pocos años después, empieza a mecanizarse esta actividad y esas máquinas son sustituidas por las nuevas cosechadoras que directamente recogen el arroz en las tablas y acaban con algo tan lúgubre, penoso y agotador como era la siega a mano, a lo que se une el empleo de mejores tractores para arar la totalidad de la tierra, liberando a personas y animales de una faena tan ardua. Todo esto es un proceso disruptivo del que yo, al igual que otros miles de personas, voy siendo testigo y retengo en mi memoria, aunque de forma un tanto nebulosa.

Algunas otras escenas sí las recuerdo con claridad y explican el poco respeto que los ganaderos y terratenientes tenían por la vida de las familias trabajadoras. Una de esas escenas es que, al asomarme por la puerta de nuestra nueva casa al poco de llegar, vi que se venía hacia mí una gran manada de vacas bravas con sus becerros, a las que conducían los mayorales sin preocuparse para nada de si esos animales arrollaban a alguien, fueran niños o mayores. Lógicamente, esos animales no se estrellaron contra la casa, sino que pasaron por el lado, tan cerca que aún recuerdo el miedo paralizante que sentí en aquel momento, aunque me dio tiempo a cerrar la puerta ante tal avalancha, convencido de que, si no lo hacía, me pasaría por encima.

Al año siguiente nos trasladamos a vivir a una casa adosada a otras tres, situada a doscientos metros de Tablante, frente al cortijo El Sargal por su parte trasera, perteneciente este a la familia Moreno Santamaría, cuya actividad principal era ganadera, como la cría de caballos y de toros de lidia, contando incluso en el recinto del cortijo con una pequeña plaza de toros cuadrada que servía de tentadero, un corral para encerrar a los toros acompañados de cabestros para, desde allí, a través de una mangada o corredor, conducirlos al camión que los trasladaría a las diferentes plazas para su lidia.

Al hilo de este mundo de los toros al que me estoy refiriendo, hay una historia vivida por algunos jóvenes palaciegos aficionados de la época que tuvo como escenario El Sargal, que resultó ser una dolorosa experiencia para ellos y de la que yo había oído hablar. Recientemente me la contó de primera mano uno de sus protagonistas con más detalles. La importancia de aquel hecho lo hacen merecedor de ser recordado aquí.

El sueño de ser torero como forma de salir de la pobreza

La dictadura franquista se empleó a fondo en la utilización a su favor de la afición a la tauromaquia, una actividad que en aquellos años atraía a mucha gente y que tenía un fuerte arraigo en la misma clase obrera. Para tal fin no dudó en poner todos sus medios de propaganda al servicio del fomento y difusión de la práctica del toreo como uno de los principales espectáculos de masas, bautizándolo como «Fiesta Nacional».

En los años sesenta, el fervor popular por los festejos taurinos llegó a alcanzar sus cotas más altas con la multiplicación de las corridas de toros y novilladas que se celebraban por centenares de pueblos y en la mayoría de capitales de provincia. Con numerosas plazas portátiles, que se montaban y desmontaban a lo largo y ancho del territorio peninsular en aquellas localidades que no contaban con cosos permanentes. Fue una época de esplendor para los ganaderos y empresarios taurinos, tan fuertemente vinculados al Régimen y a los que este les correspondía con la enorme presencia que le dispensaba a la llamada Fiesta Nacional en la radio, la prensa, el cine y la incipiente televisión. Con horas y horas de información y con películas que convertían en héroes populares a toreros que, siendo muy pobres, empezaban de maletillas, toreando clandestinamente en cerrados y dehesas donde se criaban los toros, practicando con vaquillas y erales, hasta que llegaban, primero, al nivel de novilleros, para después tomar la alternativa y adquirir la categoría de maestro matador de toros de lidia, iniciándose así una fulgurante carrera que los llevaba al éxito, la fama y el enriquecimiento personal.

Solo un puñado de estos hombres conseguían tan deseada gloria. Destacando entre ellos El Cordobés o Palomo Linares, mimados por el dictador y cuyo Régimen amplificaba, a través del cine (con películas como *Aprendiendo a morir* o *Nuevo en esta plaza*) y el *NODO*, sus épicas historias de superación de la pobreza. Servía de estímulo a otros muchos jóvenes que intentaban tales proezas, pero que mayoritariamente se quedaban en el camino, no sin antes haber recibido en sus carnes las «caricias» de la Guardia Civil o de los guardas de los ganaderos cuando los sorprendían como maletillas.

Ese era el doble juego de las autoridades franquistas. Por un lado, incitaban a los jóvenes a buscarse un futuro en la tauromaquia, con un culto exacerbado a figuras del toreo como el mencionado Cordobés, cuyas corridas, cuando empezaron a ser televisadas, provocaban que miles de trabajadores acabaran antes su jornada laboral para ver torear a un personaje convertido en fetiche popular. Aún recuerdo que la marisma se quedaba vacía de trabajadores dos horas antes de dar de mano para ver al Cordobés.

La otra cara era que la actividad de maletilla estaba en la realidad prohibida, porque, según el argumento oficial y de los ganaderos, los novillos o toros que los maletillas habían usado para practicar sus pases de muleta, se picardeaban y perdían aptitudes a la hora de ser lidiados en los ruedos. La consecuencia para aquellos chavales aficionados que soñaban con ser toreros era que, si los pillaban, les obsequiaban con una manta de palos o con arrestos carcelarios.

Algunos vecinos de Los Palacios y Villafranca llegaron a vivir esa experiencia.

Uno de ellos es Jorge Ruiz Anula, que me contó la que tuvo en compañía de otro aficionado palaciego fallecido hace años.

Me cuenta Jorge que a él le gustaba el toreo desde pequeño y que soñaba con torear en la plaza, deseo que compartía con miles de jóvenes de entonces en todo el país. Era tal su afición que, siendo aún apenas un adolescente, se lanzaba en compañía de otros amigos a torear como maletilla en zonas ganaderas de toros de lidia, como El Toruño, El Salado o El Sargal. Fue en las tierras de este cortijo ganadero donde sufrió en sus carnes la violencia de unos guardas, como fiel reflejo de esa doble cara del Régimen y de la máxima de los ganaderos de no permitir de ninguna manera que a sus reses se las toreasen de forma irregular y furtivamente, por muchas aspiraciones que tuvieran aquellos obreros pobres de ser figuras del toreo.

En un día de 1963 (según él recuerda), se adentró con un amigo en el cerrado donde estaban los toros y las vacas, encontrándose con uno de los guardas al que conocían porque era de Los Palacios y Villafranca. Este les dijo que, con vista y cuidado, podían practicar algunos pases de muleta con las vaquillas que por allí pastaban.

Estando inmersos en esa faena él y su compañero, llegaron a caballo el encargado del cortijo, Florencio, y su guarda de confianza, Rafael. Sin mediar palabra, comenzaron a golpear con palos de forma violenta a los dos jóvenes aficionados. Después de perseguirlos por todo el cerrado, a base de golpes, les llegaron a propinar tan monumental paliza que los dejó abatidos y sin fuerzas para huir, llevándolos a continuación al cortijo, donde los retuvieron y les hicieron firmar una declaración de culpabilidad que enviaron al cuartel de la Guardia Civil de Puebla del Río, a cuyo término pertenece El Sargal.

Iniciaron a continuación, por su propio pie, el regreso al pueblo, adonde llegaron con sus cuerpos llenos de heridas y hematomas, consecuencia del afán torturador de dos sirvientes de su señorito, que se habían tomado la justicia por su mano impunemente ante dos humildes jornaleros del barrio de El Pradillo.

Sigue contándome Jorge que, solidariamente, su vecina Antonia *la del Bueno* le curó las heridas que atravesaban su cuerpo, como marcas de la violencia que aquellos dos miserables individuos habían ejercido contra él y su compañero.

Inmediatamente después, les llegó la orden de la Guardia Civil de Los Palacios y Villafranca indicando que debían ingresar en la cárcel del pueblo, donde permanecieron arrestados tres días, durante los cuales se sintieron respaldados por los vecinos y vecinas, que siempre tuvieron claro que esos muchachos no habían cometido delito alguno y eran víctimas de una injusticia.

El maletilla que lo acompañaba se llamaba José Acosta Herrera *El Ropiero*. Otro joven jornalero que compartía la misma ilusión de abrirse paso en el mundo del toreo y que fue víctima de la brutal paliza que recibió de parte de los mismos guardas a la par que Jorge, con el que también estuvo en la cárcel. El Ropiero murió desgraciadamente muy joven, con apenas veinte años, llevándose consigo el sueño de ser torero y salir de la pobreza. Su familia siempre relacionó su muerte con aquella paliza de la que fue objeto en El Sargal, aunque, evidentemente, eso no se oficializó nunca.

Antiguo cortijo El Sargal —hoy desaparecido—, en cuyas tierras recibieron la paliza los maletillas

Además de ellos, hubo otros jóvenes palaciegos aficionados a la tauromaquia, como Lorenzo o El Cuenca, que tenían las mismas aspiraciones y en más de una ocasión fueron junto a los primeros a torear de maletillas en clandestina nocturnidad. Tampoco vieron sus sueños cumplidos, pero durante buena parte de su juventud actuaron confiando en que lo conseguirían.

Tras este episodio, del que Jorge no se olvidó nunca, siguió toreando de la forma que podía guiado por su enorme afición, llegando por fin a debutar como novillero en la plaza de toros de Guillena en 1965.

A partir de entonces, Jorge Ruiz *El Mañanero* (este era su nombre artístico) siguió escalando en su faceta de novillero, toreando en Los Palacios y Villafranca, donde compartió cartel con matadores famosos como Jaime Ostos o el padre de Espartaco, siguiendo hasta los primeros años setenta toreando en plazas como Montequinto, Cantillana y otras, con mi primo Miguel Benítez acompañándolo de fiel mozo de espadas.

Me dice que no llegó a tomar la alternativa como matador de toros por falta de apoyos y por no contar con el padrino adecuado que lo aupara a tal categoría. Paulatinamente fue dejando de torear y siguió trabajando como jornalero, de cangrejero más tarde o en la construcción. Es otro trabajador de la Marisma, donde llegó a probar las faenas más duras, como la siega a mano o la planta de arroz, y que por derecho propio se ha ganado un lugar en la historia del siglo XX en nuestro pueblo.

Sin ser yo aficionado a los toros, he de manifestar que recuerdo bien la gran cantidad de adeptos con los que contaba El Mañanero en aquellos años, entre los que se encontraba mi padre, siendo considerado por los entendidos como el mejor torero que hasta esa época había surgido en Los Palacios y Villafranca.

En fin, quería relatar este periodo de nuestra historia porque entiendo que el origen jornalero de Jorge Ruiz, su trayectoria en el mundo de la tauromaquia y el predicamento que tuvo entre miles de trabajadores constituyen un conjunto de circunstancias que están unidas a la Marisma del Guadalquivir también.

Fueron los sesenta y setenta una época de esplendor del mundo de los toros, una actividad nunca exenta del debate entre fiesta nacional o simple espectáculo cruel y sangriento. En aquellos años, en casi todo el país, la muerte del toro en el ruedo estaba naturalizada por amplias capas de la población, pero con el paso del tiempo ha crecido el número de sus detractores de manera exponencial, provocando rechazo en mucha gente que apuesta por su abolición.

Aquella realidad de la segunda mitad del pasado siglo, en la que la tauromaquia despertaba tantas pasiones populares y que el franquismo utilizó como instrumento de desviación de los problemas que sufría la población, e incluso como atracción turística, ha dado paso a la realidad actual del primer cuarto del siglo XXI. Hoy en día, la llamada Fiesta Nacional languidece y ve cómo la afición, mayoritaria antaño, ha pasado a ser cada vez más minoritaria y su práctica está limitada a unas pocas comunidades autónomas, que de no ser por las subvenciones y ayudas públicas ya habría dejado de existir sin necesidad de abolirla por ley.

Barro y uralita: nuestra casa

La nueva casa a la que nos trasladamos y a la que ya he hecho mención antes la acababa de construir Maestre, que era uno de los escasos contratistas de obras que había por aquí en aquellos años. Era de techo bajo de uralita y tampoco disponíamos de agua corriente, ni luz eléctrica, ni saneamiento. Tenía un pequeño salón, dos dormitorios y una pequeña cocina con un anafe para guisar con carbón. Sin cuarto de baño, claro. En ella ya no se alojaban mis abuelos ni mi tía Eduarda, que se habían ido a vivir a Los Palacios y Villafranca.

Junto a nuestra casa vivían otras tres familias de capataces. Limitando a nosotros estaba mi tía Catalina con su marido José

Monge *Lebrija*, mi prima Loli y mis primos mellizos Pepe y Manolo. Más allá estaban la familia Alfaro y la de otro capataz de La Puebla llamado Cristóbal. Más adelante vivieron allí en esas casas otras familias que sustituían a las que se marchaban. De esas nuevas recuerdo a las familias de Pepe Garrone, de Francisco de los Santos, de *Tipití*, del *Rubio la Juliana* o a mi tío Curro, que también se fue a La Mejorada de capataz con mis primos Manuel, Amparo y Encarna. Entre todos constituíamos una pequeña comunidad, a la que el aislamiento del lugar ayudaba a mantener una relación de confraternidad que se extendía a las otras viviendas diseminadas por los alrededores.

A los hijos de algunas de esas familias, junto a otros que estaban la temporada del arroz y que venían de otros pueblos, los recuerdo como el primer grupo de amigos que tuve en mi vida, con los que compartí horas de juego y de curiosidades propias de niños de tres o cuatro años, en aquel ambiente tan distinto y distante del que se vivía en el pueblo, pero que era el que conocíamos y en el que también vivíamos momentos de felicidad e ilusión dentro de aquella situación de pobreza y carencias múltiples. A pesar de ser un lugar tan mísero para vivir, nos podíamos considerar «privilegiados» por ser casas de capataces, porque junto a nosotros construyeron una especie de barracón, también con techo de uralita y dividido en varios cuartos que albergaban cada una de ellas a una familia completa en condiciones insalubres y hacinadas entre cuatro paredes.

Más adelante se construyó otro almacén diáfano para las semillas y abonos del arroz, pero que acabó acogiendo a decenas de trabajadores provenientes de otros pueblos de la provincia, que en plan nómada transitaban por aquellas tierras. La mayoría llegaba a pie y algunos en bicicleta, echaban la temporada de escarda, y su residencia, cuales bestias, era ese barracón, durmiendo en el suelo con colchonetas y sin la más mínima intimidad. Después se acababa el trabajo y continuaban su camino hacia otros lugares en busca de algún jornal.

Al ser tierras nuevas que se estaban roturando y transformando en cultivables para producir arroz, se fueron convirtiendo en un polo de atracción para muchas familias trabajadoras de diversos pueblos de Sevilla e incluso de Cádiz. A diferencia de los anteriores braceros que viajaban solos, llegaban allí con toda su prole. Ante aquel aumento de afluencia de mano de obra jornalera, crecían las necesidades de alojamiento, sobre todo, en la temporada del cultivo del arroz, desde el mes de marzo, con la preparación y arado de la tierra, hasta la siega y trillado del grano, que solía terminar en octubre o noviembre.

Como no se disponía de más sitio construido donde meter a más gente, pude observar que aún había un escalafón más bajo e infame que aquellas viviendas existentes de uralita. En mi recuerdo está la imagen de una gran explanada frente a la casa del jefe de cultivo (que como ya dije, contaba hasta con su chimenea) y un grupo de trabajadores, entre los que estaba mi hermano, montando tiendas de campaña del Ejército para dar cobijo a todas aquellas familias que venían de Casariche, Morón, Pruna, Trebujena y otros pueblos, que se alojaban en esas miserables tiendas durmiendo en el suelo, sin higiene y soportando las altas temperaturas de los meses de verano. Al seguir aumentando la llegada de jornaleros y jornaleras, conocí otro modelo de «vivienda» para acoger a las familias trabajadoras: las chozas de pasto, donde también se vivía en condiciones lamentables y con el agravante de atraer, por el pasto, a grandes cantidades de mosquitos que hacían la estancia en su interior algo insoportable. Antes se había construido otra gran choza que sería la cantina y una pequeña tienda de comestibles, insuficiente para la comunidad de personas que allí se había constituido y que eran abastecidas de los escasos víveres que se podían adquirir con tan miserables jornales por los vendedores ambulantes que llegaban a La Mejorada de Los Palacios, como Juan Santiago *El Panadero*, Juan Campanario, Emiliano, *El de la Niña Concha* o Juan *Pelete*, que venía de Coria. Había algunos más que traían ropa, pero de los que no recuerdo nada más.

La llegada del pan

Todos los vendedores ambulantes que iban a La Mejorada allá por los años sesenta cumplían la importante función de abastecer a las familias que allí residían de productos básicos e imprescindibles para poder subsistir en aquel asentamiento.

Comida, ropa, calzado y artículos de aseo e higiene eran, aunque de forma modesta, los principales bienes que se adquirían a los citados vendedores, pero había un producto que sobresalía y que diariamente esperaban con los brazos abiertos los habitantes de aquel lugar: el pan.

La persona que se encargaba de suministrar tan necesario alimento era Juan Santiago Olmo, *Juan el Panadero*, que con su Citroën dos caballos llegaba por las diferentes casas repartiendo las medias y bollos de Joaquín *de Eladia*, después de haber surtido a la gente de La Cascajera, El Hornillo o Caño Navarro. La llegada todos los días de Juan el Panadero era un hecho que vivíamos como algo agradable y aportaba una dosis de satisfacción y alegría, sentimientos que los niños hacíamos más expresivos cuando veíamos la pequeña furgoneta de Juan cargada de tan excelentes viandas.

Este hombre siempre me trataba allí de forma muy cariñosa y tenía una buena relación con mi familia, especialmente con mi padre y mi abuelo materno. Por mi corta edad y porque nunca escuché nada de los mayores, ignoraba que, antes de dedicarse a la amable tarea de distribuir pan entre las familias trabajadoras de la Marisma, venía precedido de una historia vital atravesada por momentos muy duros y de gran sufrimiento.

Según he sabido después a través de sus hijos, Juan Santiago Olmo nació en el pequeño municipio de Noalejo, en la provincia de Jaén. A raíz del golpe de Estado de julio de 1936, con el estallido de la Guerra Civil, su familia reafirmó su apoyo a la República. Una vez finalizado el conflicto armado, su hermano mayor fue hecho prisionero por las tropas franquistas y trasladado como trabajador esclavo a las obras del Canal de los Presos, en uno de los tramos cercanos a Los Palacios y Villafranca, y recluido en el campo de concentración de La Corchuela. Para estar cerca de su hermano, Juan se vino desde su pueblo y se instaló en nuestra localidad, entrando a trabajar como asalariado en las mismas obras del Canal.

Años después, se fue a las obras del pantano de El Águila. Este embalse, situado cerca de Utrera y que sirve para regar toda la campiña del término de ese municipio, fue iniciado durante la República y finalizado, también con el empleo de mano de obra esclava, en 1947.

Posteriormente, Juan se casó, fundó una familia y con ella se quedó definitivamente en Los Palacios. Del pantano se fue a trabajar a la finca Juan Gómez, donde coincidió con Francisco González *el Pollero*, otro refugiado republicano que se asentó por estas tierras y del que hablaré un poco más adelante.

Después de un tiempo en ese cortijo trabajando en labores agrícolas, Juan Santiago se colocó como panadero en la panadería de Joaquín de Eladia, pasando a ser repartidor del pan por diferentes cortijos y asentamientos marismeños, entre ellos La Mejorada.

Muchos años después, y tras el fin de la Dictadura, tuve la grata sorpresa de encontrarme con él en la sede del PCE, descubriendo entonces que ambos teníamos la misma afinidad ideológica. En alguna ocasión, me contó que él también lanzaba octavillas clandestinas contra la explotación laboral en la Marisma y a favor de la democracia, aprovechando su movilidad por caminos y carriles de los arrozales en su tarea de reparto del pan.

En la memoria guardo un grato y emotivo recuerdo de Juan Santiago Olmo, por lo que le he hecho este reconocimiento en mi relato.

Comida, ropa y calzado

En lo referente a la comida, los productos que realmente se compraban a los vendedores que pasaban por los asentamientos solían ser garbanzos, papas, arroz, tomates en lata, verduras, legumbres o conservas. Básicamente componían los principales ingredientes, junto al aceite y la sal, de los guisos que a diario elaboraban las familias con el fuego de sencillas cocinas o infiernillos de gas. La escasa carne de cerdo más el tocino que se adquirían servían de complemento a los citados guisos. La fruta no abundaba mucho, con el melón y la sandía como los más consumidos. El queso y el jamón eran inalcanzables para los residentes marismeños, y el pescado que se comía era el que producía el propio territorio: anguilas, carpas o albures. Además de esto, se comía la carne de aves acuáticas: polluelas, gallaretos o ánades, y terrestres: gallinas, pavos y patos que criaban las familias para su autoconsumo cárnico y de huevos. A esto se añadían embutidos como la morcilla, el chorizo o el salchichón, que se adquirían a los vendedores ambulantes, siendo todos estos productos, con el pescado, los principales aportes de proteínas que recibían las personas.

El carácter perecedero de la mayoría de los alimentos se acentuaba más en un lugar como la Marisma, donde no existían frigoríficos ni neveras en los que conservarlos por más tiempo. En definitiva, se trataba de una dieta básica, sencilla, con el pan como fiel acompañante siempre, con productos autóctonos naturales, y que, a pesar de su modestia y su carga de grasas, relativamente, resultaban saludables.

La indumentaria que usaban las personas que trabajaban en el arroz, casi de manera estándar, la formaban prendas que ayudaban a combatir la dura climatología marismeña, sobre todo el fuerte calor del verano. Se componía de sencillas camisas de algodón y pantalones también de algodón, o de patén en otros casos, con su tocado de gorra o sombrero en la cabeza. Esto en cuanto a los hombres, pues las mujeres, además de las camisas y pantalones, se cubrían el pelo y el cuello con un pañuelo, sobre el que se colocaban un amplio sombrero, dejando libre solo la cara, ya que, por lo general, todas usaban guantes de goma para protegerse las manos. Generalmente, era ropa barata, la más asequible que podían comprar los y las jornaleras.

El calzado de trabajo, que solo se utilizaba para ir y venir de los tajos, solían ser alpargatas o sencillas sandalias. Dentro de la tabla de arroz se trabajaba descalzo.

En invierno, la gente que permanecía en los asentamientos marismeños usaba ropa de abrigo de lana y, en el caso de los hombres, se complementaba con una especie de levita corta que se llamaba pelliza, una prenda muy pesada y que, en realidad, no abrigaba lo que aparentaba.

El calzado solía ser para las mujeres las alpargatas o zapatos sin tacón, que cubrían algo más el pie. Los hombres usaban botas cortas de frágil piel, combinada con tela sobre suelas de goma.

A partir de mediados de los sesenta, empezaron a usarse, sobre todo como prendas de paseo, ropas de fibras sintéticas como el tergal, que necesitaban menos planchado. Poco después llegaron los vaqueros y las faldas cortas, que modificaron notablemente la forma de vestir en pueblos y ciudades de toda España, de los que el nuestro no era una excepción. El uso de botas y zapatos de mejor piel se fue extendiendo entre ambos sexos a partir de principios de los años setenta. Como en muchos aspectos de la vida, la forma de calzar y vestir, impulsada por la moda, evolucionó de forma relativamente rápida en la sociedad de aquella época.

La protección social y la sanidad franquista. Sus efectos en la población trabajadora, en general, y en la del campo, en particular

Durante décadas, la salud, la seguridad, la cobertura social y la higiene en el trabajo fueron una antítesis de la realidad que se vivía en los arrozales marismeños y en todo el trabajo del campo en la época de la Dictadura. Ahora se está fortaleciendo en España una posición revisionista de lo que fue el franquismo en su conjunto.

Políticos de la derecha, periodistas, académicos, historiadores o economistas neoliberales participan activamente en una operación de blanqueo y edulcoración de aquel Régimen, apoyándose en las nuevas redes sociales digitales y en el impacto que estas tienen en la juventud, principal objetivo de toda esta estrategia revisionista de un periodo de la historia de nuestro país que muchos que no somos jóvenes conocimos y que no queremos que algo parecido vuelva a surgir en España.

Uno de los mantras que más están utilizando los revisionistas es que la Seguridad Social y la Sanidad Pública las implantó (ellos dicen las trajo) Franco. Mi propio testimonio vital y el de millones de personas que también lo vivieron deberían bastar para negar con rotundidad esas aseveraciones blanqueadoras del franquismo, pero, como el dato mata al relato, ahí van algunas evidencias para desmentirlas.

La Seguridad Social y la Sanidad Pública son conceptos diferentes, aunque están estrechamente ligados entre sí, siendo frutos de un proceso histórico evolutivo, marcado por una serie de hitos que han ido configurando estos dos sistemas de protección social desde sus primeros pasos hasta tal como lo conocemos hoy.

En todo este proceso hay un hilo conductor y que intencionadamente se obvia. La presión y el empuje del movimiento obrero han sido el vector principal para que, en todo el proceso de configuración de los citados sistemas protectores, los cambios siempre hayan ido más allá de lo que inicialmente pretendían los Gobiernos y los empresarios.

Durante el primer tercio del siglo XX, la progresiva organización de los trabajadores dentro de los sindicatos obreros y partidos de izquierda propició su fortalecimiento hasta dar a luz a un potente movimiento obrero con un alto grado de conciencia, que lo llevó a fijar el horizonte en la emancipación de la clase obrera y en la construcción de una nueva sociedad que superara el capitalismo y las desigualdades e injusticias que este sistema producía y produce. Fruto de la fortaleza adquirida, la clase trabajadora pudo influir con sus exigencias y demandas en los decretos y leyes que iban aprobando los diferentes Gobiernos de la época, tanto en la etapa monárquica alfonsina, como en la Segunda República, años en los que se lograron importantes avances en protección social, siempre referenciados en lo que existía antes de su puesta en marcha.

El golpe de Estado militar de 1936 frenó al principio aquel proceso de avances sociales, pero el franquismo tampoco pudo sustraerse del todo a los citados avances, esta vez impulsados por un reforzado y prestigioso movimiento obrero de aquellos países europeos que habían derrotado al fascismo y emprendieron en la inmediata posguerra mundial la creación del Estado del Bienestar.

Aquí en España, la dictadura surgida de la Guerra Civil, gracias a la ayuda de los regímenes fascista de Italia y nazi de Alemania, una vez derrotados estos en la Segunda Guerra Mundial, puso en marcha una estrategia política que buscaba mejorar la imagen de su Régimen ante aquellos países aliados que, imperdonablemente, le habían permitido mantener su Dictadura, gracias a que la Península Ibérica era un territorio crucial para los intereses geoestratégicos de los Estados Unidos como gran potencia mundial. Aquella estrategia de Franco, que buscaba congraciarse con la nueva Europa y EE. UU., se empezó a desarrollar con la incorporación de algunas de las demandas sociales europeas en aras a conseguir una mayor protección de la población en salubridad pública y derechos ciudadanos, aunque los derechos políticos de estos siguieron estando prohibidos en España.

Así, el franquismo encontró la forma para intentar ganarse el favor de una clase obrera española hostil a su régimen, aprobando leyes que pretendían proteger a los trabajadores, pero que en su práctica dejaban mucho que desear.

En materia de protección social, estos fueron los hitos más importantes desde principios del siglo XX:

1900: Ley de Accidentes de Trabajo para Trabajadores Heridos, bajo el Gobierno de Eduardo Dato. Se considera la primera norma de Seguridad Social en España, responsabilizando a la empresa de los accidentes de sus empleados, pero su obligatoriedad no se estableció hasta 1932 (Segunda República).

1903: creación del Instituto de Reformas Sociales. Nació impulsado por el ministro liberal José Canalejas con la intención de mejorar la situación de la clase obrera y dar solución al enfrentamiento entre patronal y obreros. Su nacimiento coincidió con un gran desarrollo del movimiento obrero en España.

1908: se creó el Instituto Nacional de Previsión. Antecedente de la Seguridad Social y de las Pensiones. Su realización más destacable fue la puesta en práctica de un régimen que pretendía encontrar el equilibrio entre la concertación libre de un seguro y la responsabilidad de cobertura de los riesgos por parte del Estado.

1919: creación del Retiro Obrero Obligatorio. Destinado a proteger la vejez a partir de los sesenta y cinco años por considerarla una invalidez por razones de edad, financiado por las empresas y el Estado.

1929: se estableció el Seguro de Maternidad, Asistencia en el Parto y Posparto y seis semanas de indemnización.

1931: se aprobó el Seguro Obligatorio de Accidentes de Trabajo para los Empleados Agrícolas.

1932: este Seguro Obligatorio se extendió a la mayor parte de los sectores de la economía, con el abono del 75 % del salario.

1931-1933: el prestigioso médico y diputado socialista Marcelino Pascua, al frente de la Dirección General de Sanidad, puso en marcha un innovador método de racionalización y modernización del caótico sistema sanitario español y diseñó un plan de socialización y extensión de la atención primaria. Diversos obstáculos impidieron el desarrollo de su proyecto sanitario, pero sentó las bases de lo que en el futuro sería la Sanidad Pública y Universal.

1936: Proyecto de Unificación de los Seguros existentes para crear un Sistema Único de Seguridad Social. No se llegó a aprobar en las Cortes republicanas por el golpe de Estado. En plena Guerra, el Gobierno republicano nombró a Federica Montseny como primera ministra de Sanidad de la historia de España.

1938: el bando franquista creó el Fuero del Trabajo. Impuso el descanso dominical (para ir a misa los domingos). Establecía una retribución mínima por el trabajo asalariado, aunque nunca aclaró en qué consistía esa retribución.

1942: Seguro Obligatorio de Enfermedad (SOE), que se aprobó con gran retraso respecto a Europa.

1944: Ley de Sanidad Nacional.

1947: Seguro Obligatorio de Vejez e Invalidez.

1956: Ley de Accidentes de Trabajo con el 75 % del salario y el 100 % en caso de incapacidad.

1963: Ley de Bases de la Seguridad Social.

1967: Nuevo Sistema de Seguridad Social. Solo para cotizantes. Millones de trabajadores eventuales se quedaban fuera.

1974: Ley de Seguridad Social.

1978: la Constitución estableció el Régimen Público de la Seguridad Social.

Volviendo al principio y centrándonos en la Sanidad en el franquismo, me gustaría destacar algunos datos que se reflejaban en el llamado Informe Brockington de 1967, que elaboró Fraser Brockington para la Organización Mundial de la Salud (OMS). Este célebre médico inglés estuvo en España por encargo de la OMS en 1967. En su estancia estudió sobre el terreno la situación de la sanidad en el franquismo y sus efectos en la población. Entre sus conclusiones, además de poner de manifiesto el desorden organizativo de la Dirección General de Sanidad, resaltó: «Básicamente no existen consultas de especialidad, ni consultas para cuidado prenatal, protección de la infancia, enfermedades venéreas y enfermedades pediátricas más que en las capitales de provincia». Entre otros apuntes, Brockington explicaba que la Sanidad de Franco era un caos con efectos desastrosos. Dicho caos no es de extrañar si se tiene en cuenta la escasa inversión que se destinaba hacia el sistema sanitario español, que no contó con un Ministerio hasta 1977, dos años después de la muerte del dictador.

Según el libro de Jerònia Pons y Margarita Vilar *El seguro de salud público y privado en España*, «la partida de presupuestos destinados a la Dirección General de Sanidad, como porcentaje del presupuesto total del Estado, permaneció estancada entre 1943 (1,05 %) y 1958 (1,02 %).

En el mismo trabajo que Brockington hizo como relator de la OMS en nuestro país, destacaba que la sanidad en España era peor que la de muchos otros países en vías de desarrollo. Este informe, que nos descubrió las vergüenzas de la salubridad pública en tiempos de Franco, fue encontrado por la historiadora de la Universidad Miguel Hernández de Elche Rosa Ballester en los archivos de la OMS en 2010 y fue publicado en 2018.

Hay que observar que todo esto lo expresó por escrito el eminente médico inglés y padre de la medicina social a finales de los sesenta, en el segundo franquismo, al que las autoridades españolas dieron como respuesta su olvido y ocultación debajo de un montón de papeles de la DGS.

El franquismo nunca se preocupó de la prevención, priorizando la asistencia médica, lo que conllevó que muchas enfermedades que no contaban con la necesaria acción preventiva, se volvieran incurables, acabando con la vida de mucha gente. Franco nunca llegó a conseguir una sanidad pública solvente, a pesar de los cambios del segundo franquismo y la construcción de una red de hospitales públicos que fueron insuficientes, mal equipados, creados sin criterios que tuvieran en cuenta el índice de población, solo se hicieron atendiendo a los intereses de las diferentes familias políticas del mismo Régimen, falangistas o nacionalcatólicos.

En líneas generales, el sistema sanitario franquista reunió varias modalidades de sanidad: un sistema público de hospitales muy raquítico y deficiente, un sistema privado en el que predominaban como principales propietarios la Cruz Roja y la Iglesia, una extensa red de clínicas privadas de pago y con ánimo de lucro, un conjunto de hospitales de beneficencia con pésimas condiciones y donde iban los pobres que no cotizaban y los hospitales militares, que, aunque eran públicos, estaban reservados a los miembros del Ejército, que contaban con ese privilegio.

Remitiéndose a lo que decía el Informe Brockington, el desastre de la sanidad franquista tuvo unos efectos devastadores en el campo sevillano durante el primer periodo de la Dictadura. A las muertes por hambre de miles de personas en la década de los 40, se sumaban los otros miles que fallecían a causa de la alta morbilidad, que se cebaba con las familias trabajadoras y con las personas pobres en general. En la Marisma y sus pueblos limítrofes, la falta de higiene, unida al hacinamiento de gente malviviendo en los asentamientos que albergaban a los jornaleros, facilitaba que aparecieran enfermedades altamente mortales como la tuberculosis —enfermedad contagiosa causada por el bacilo de Koch, que ataca a los pulmones y que llegó a alcanzar en España, incluso en el segundo franquismo, una tasa de 500 muertes por cada 100 000 habitantes—. En el recuerdo de muchas familias palaciegas está la desaparición de algún pariente por causa de la tuberculosis.

Otras enfermedades eran muy frecuentes en ese tiempo, como el paludismo, causado por la picadura de los mosquitos y sufrido por muchos trabajadores del arroz debido a la abundancia de estos insectos en la Marisma. La brucelosis, provocada por el contacto con los animales, o el tifus, causado por las heces de los piojos, muy abundantes también en los asentamientos humanos aledaños a las zonas marismeñas, en los que era habitual la imagen de las madres despiojando a los niños con los peines antipiojos.

Estas últimas, con la debida acción preventiva, se podían curar, pero el divorcio existente entre el franquismo y la prevención sanitaria, la falta de higiene en la Marisma y la ausencia de médicos en aquellos lares ocasionaron gran cantidad de muertes por esas enfermedades que se podrían haber evitado. En aquel panorama de tan deficiente atención sanitaria pública, a la gente pobre, la mayoría sin ningún tipo de cotización, para la que una asistencia hospitalaria o un trato mínimamente digno en aquellos consultorios de los pueblos, cutres y desprovistos de casi todo, les parecía algo fuera de su alcance. Como alternativa a dicha situación, miles de personas recurrían a los médicos de pago, que tenían sus propias consultas y que hacían negocio con la salud, a la automedicación, a remedios caseros o a la beneficencia para tratar de curar sus males.

No solo las enfermedades citadas suponían un quebranto para los trabajadores y las familias residentes en los diferentes núcleos de población existentes en las Islas del Guadalquivir. Dolencias como la gripe o el resfriado las soportaban los afectados a base de aspirinas, ingesta de líquidos o brebajes caseros.

Los niños no disponían, salvo contadas excepciones, de una mínima atención pediátrica, al ser prácticamente inexistente este servicio en las zonas rurales, a lo que se unía la carencia de medios para primeros auxilios a los muchos trabajadores que a menudo se accidentaban en la Marisma, a los que lo máximo que se les aplicaban en sus heridas era un vendaje con algodón, yodo o *crómer*. Todo en un territorio con pésimas carreteras que complicaban en extremo la rápida atención a los casos urgentes. Esto último viene a simbolizarlo el caso real que presencié siendo un niño en La Mejorada con mi tío político José Monge y su muerte evitable.

Estos problemas con la salud que tenía la gente que trabajaba y vivía en las fincas arroceras y en los pueblos de su alrededor no eran en exclusiva de allí, sino que eran comunes a millones de personas pobres y trabajadoras de toda España, que sufrieron aquel deplorable y excluyente sistema de salud del franquismo, caótico y desastroso y más propio de países en vías de desarrollo, como lo definió el doctor Fraser Brockington acertadamente.

Los grandes avances de la Sanidad Pública (hoy amenazados por las políticas neoliberales) se produjeron en España a partir del fin de la Dictadura, con el reconocimiento en la Constitución del derecho de todas y todos los españoles a una Sanidad Pública y Universal, independientemente de su clase social, algo que se plasmó en la Ley General de Sanidad de 1986, impulsada por el mejor ministro de Sanidad que ha tenido este país y tristemente asesinado por los terroristas de ETA: Ernest Lluch.

Esa Ley fue una gran conquista ciudadana de la que todas y todos debemos sentirnos orgullosos. Los trabajadores y trabajadoras de España, gracias a sus luchas durante años, vieron hecha realidad su vieja aspiración de tener cobertura sanitaria pública y universal, un derecho humano inalienable —el derecho a la salud— que hay que seguir defendiendo con todas las fuerzas, porque este sistema sanitario público, considerado uno de los mejores del mundo en sus años de esplendor, está siendo atacado por la avaricia capitalista de unos seres inhumanos sin escrúpulos, que pretenden acabar con él definitivamente y convertir nuestra salud en una mercancía. No podemos permitirlo. Hay que poner freno al desmantelamiento y privatización de uno de los bienes más preciados que poseemos como pueblo: la Sanidad Pública y Universal.

Muerte del tío José

A los pocos meses de estar viviendo en aquella casa de La Mejorada, fui testigo de una dura imagen, de esas que te impactan y se graban para siempre en tu memoria. Como he dicho antes, junto a nuestra casa vivían mi tía Catalina y su marido José *Lebrija*, que era capataz en una de las zonas de la finca. Un atardecer, creo que en el verano del año 1963, llegó junto a mi padre mi tío José. Sufría un fuerte dolor en el costado que le hacía retorcerse en la cama. Se le intentó reanimar con un poco de agua, pero fue inútil, el dolor siguió aumentando. Era una situación dantesca la que se estaba viviendo allí, con aquel hombre revolcándose y aullando de dolor en un lugar donde no había médico ni medio de transporte que no fueran bicicletas o motos y sin ningún coche que lo pudiera trasladar de manera urgente al hospital, que además quedaba bastante lejos y con impracticables carreteras para llegar a él. Después de varias horas de intenso dolor, por fin pudo venir un coche, no sé si de Los Palacios o de Caño Navarro, que lo llevó al hospital, pero ya era tarde. Tras unos días ingresado, José Monge murió perforado por un dolor de apendicitis que con una rápida asistencia se habría curado, dejando a mi tía viuda con tres hijos, los dos varones muy pequeños, algo que la obligó a abandonar La Mejorada y regresar al pueblo.

Trasera de El Sargal. Frente a ella estaba la casita —hoy desaparecida— donde le dio el dolor mortal a mi tío José

Al poco tiempo, mi familia abandonó aquella casa y nos volvimos a instalar en Tablante, pero esta vez en la casa del jefe Juan *Peseta*, ya que este se había trasladado a Caño Navarro. Aquel hogar era algo más grande y menos incómodo, pero tampoco tenía aseo y nos alumbrábamos con una lámpara de gas que había sustituido al pequeño carburo que nos daba una escasa lumbre en la anterior casa. A la nueva vivienda la rodeaba un gran cerrado para toros y vacas bravas llamado Las Mauriñas, donde en las noches de otoño e invierno, cuando se acababa la siega del arroz, se escuchaban los tiros de escopeta de los cazadores cazando patos, utilizando la técnica de ocultarse detrás de los caballos que ellos llevaban para, cuando se acercaban los patos, disparar sobre ellos y llenar con tan abundante caza los zurrones que llevaban al pueblo y que servirían para alimentar a muchas familias a las que vendían tan apreciada carne. A una de esas familias cazadoras se les quedó el apodo de *los Pateros*.

A otro lado de la casa estaba, como he mencionado antes, el Río Viejo, lugar también de abundante caza de aves acuáticas y que la separaba del cortijo Los Hiletones o Jiletones un río que contaba con espesa vegetación de aneas y carrizos en sus márgenes y un caudaloso canal en el centro, cuya travesía se realizaba por un puente que comunicaba Tablante y El Sargal con el cortijo de la otra orilla, y seguía, camino adelante, hasta Caño Navarro.

En cierta ocasión, mi intrépido hermano Curro y otros amigos consideraron que eso de pasar el puente era algo simple y se marcaron el reto de construir una barca para atravesar el río por su canal. Con madera de los pesebres que ya no servían, construyeron una canoa en la que se embarcaron para tan anhelada travesía. El resultado de tal aventura, propia de adolescentes, fue que, cuando navegaban por el centro del canal en aquella embarcación, uno de los ocupantes se puso a dar saltos, consiguiendo que la misma se diera la vuelta y se hundiese con los tripulantes dentro, a los que, más allá del baño, no les pasó nada malo, ya que a nado se alcanzaba fácilmente la orilla. Toda una escena que mi madre contemplaba impotente y nerviosa desde fuera y de la que aún recuerdo sus gritos recriminando a los aventureros su temeridad.

Así fueron transcurriendo los meses y años en aquel lugar lleno de penurias y con una monótona existencia en invierno, que solo se alteraba las veces que mi padre y mi hermano iban a poner costillas para capturar pajaritos, que entonces eran otro medio más de subsistencia (afortunadamente, esa práctica ha desaparecido hoy en día). Aquellos duros inviernos en soledad eran amenizados un poco con la radio. Recuerdo a mi padre escuchando por la noche sus programas favoritos, «Clarín», que emitía las crónicas taurinas, y «Flamencos en la Noche», donde se escuchaba a los cantaores de la época, aficiones que compaginaba con la gran pasión que tenía por los galgos.

La llegada de la primavera y el verano, a pesar de las miserables condiciones de vida y trabajo que existían, traían luz y alegría con la venida de los muchos trabajadores y trabajadoras que se iban incorporando a las faenas de preparación de la tierra, la planta del arroz y la escarda, pues al mecanizarse la siega esta labor requería escasa mano de obra.

La marisma y el trabajo infantil

En algún capítulo anterior de este relato, he hecho referencia a aquellas vistas que muchos tenemos grabadas en la retina, en las que se podía contemplar a cientos de personas que se movían por las tablas de arroz en las faenas de planta, de escarda o de la siega de este cereal.

Dentro de esos grupos de trabajadores estaban las mujeres en una importante proporción y gran cantidad de niños y niñas, es decir, menores trabajando en la Marisma.

El trabajo infantil estaba y ha estado, hasta fechas recientes, tan naturalizado que la mayoría de la sociedad no lo consideraba inmoral ni pernicioso, fundamentalmente porque eran las propias familias las primeras que tiraban de sus hijos menores para llevarlos a trabajar por razones de subsistencia, pues era una manera de aumentar los ingresos de la unidad familiar con los jornales de ellos.

Eso era una evidencia empírica que casi nadie cuestionaba. Pero, desde una mirada racionalista, la práctica del trabajo infantil no deja de ser una aberración, una perversión desde un punto de vista humanista, algo que viola los derechos de la infancia, contrario a la necesidad vital de los niños y niñas de recibir una adecuada educación, con especial atención a su salud y alimentación en ese periodo de la vida de crecimiento físico y de formación de la personalidad de los individuos.

Difícilmente se podía cumplir todo esto si te ponían a trabajar con diez años y con una corta escolarización que impedía que los niños y niñas que se iban al mundo del trabajo terminaran el primer ciclo de enseñanza primaria y pudieran mantener una salud aceptable realizando un sobreesfuerzo físico al que los obligaban las penosas y duras condiciones de trabajo que tan nocivas resultaban para unos cuerpos aún sin desarrollar.

Además de la esclavitud, la Revolución Industrial y el progresivo desarrollo agrícola, con su aumento de plantaciones gracias a la roturación de nuevas tierras, fueron los sectores pioneros en el empleo masivo de mano de obra infantil en unas condiciones deplorables.

En la segunda mitad del siglo XIX, cuando la Revolución Industrial se empezaba a consolidar en algunas zonas de España (Cataluña, País Vasco o Asturias), se alzaron las primeras voces clamando contra el trabajo infantil y los abusos que se estaban cometiendo con los menores en fábricas, minas y campos.

La Asociación Internacional del Trabajo (AIT), creada en 1864, ya venía denunciando la explotación infantil en los países europeos más adelantados industrialmente, como Inglaterra, Francia, Alemania o Italia. La creación de la rama española de la AIT dio un fuerte impulso al joven movimiento obrero español, que, haciéndose eco de sus demandas a nivel europeo, comenzó a reivindicar con fuerza que se pusiera freno a la enorme explotación que sufrían las niñas y los niños trabajadores en la industria y el campo español. Con la llegada en 1873 de la efímera Primera

República Española, se abordó por primera vez el problema del trabajo infantil, aprobando una ley que, atendiendo las peticiones sindicales, regulaba este aspecto de las relaciones laborales en España.

La llamada Ley Benot prohibió el trabajo de los menores de diez años en las fábricas o minas, limitando la jornada a los de más de diez años a cinco horas diarias. No podían hacer trabajos nocturnos y se establecía la obligación de instalar una escuela cercana a sus centros de trabajo y una atención médica.

Esta ley la heredó el siguiente Régimen de la Restauración, que no cumplió en la práctica y en la que no se hablaba del trabajo agrícola.

La Segunda República aprobó en 1931 la prohibición de trabajar a los niños y niñas menores de catorce años, fomentando a la par una fuerte escolarización para facilitar que esos menores fueran a la escuela, reduciendo notablemente la tasa de analfabetismo, sobre todo, en las áreas urbanas e industriales, quedando el campo de nuevo al margen, hasta que en 1934 se aprobó un decreto prohibiendo el trabajo agrícola en horario escolar.

El franquismo anuló este decreto republicano y en 1944 restauró el trabajo infantil en el campo incluso en horas lectivas, aunque para otros sectores prohibió el empleo de menores de catorce años si estaban en la escuela.

Si ya era escasa la cobertura social para los trabajadores rurales mayores de edad en la Dictadura, para los menores prácticamente no existía ninguna protección social. La normalización social del trabajo infantil, mayormente en el campo, se acentuó durante el franquismo y estaba motivada por un factor fundamental: la existencia de una gran cantidad de familias numerosas pobres con muchos de sus miembros menores de edad y sin escolarizar. Una situación que alcanzó su cenit en las décadas de los cincuenta y sesenta del siglo XX, cuando el crecimiento demográfico fue espectacular.

Esta circunstancia la aprovechó muy bien el propio Régimen, que pudo ejercitar con mayor facilidad su control social, más en esa parte rural de la sociedad, que unía su extrema necesidad económica a su analfabetismo y a un estado de embrutecimiento que resignaba a la gente y las convencía de que era irremediable que debían, para sobrevivir, poner a trabajar a sus menores, incluso por debajo de los catorce años que establecía la ley en la mayoría de los casos. Este incumplimiento de su propia ley, permitido conscientemente por las autoridades franquistas, benefició a los terratenientes, en especial a los arroceros, que con el empleo de grandes cantidades de trabajadores menores y de mujeres se ahorraban enormes cifras de dinero en jornales, aunque hacían el mismo trabajo que los hombres en determinadas faenas.

Centrándonos en algo más concreto, mi experiencia personal, compartida con miles de niños de aquella época que también trabajaron en diversas tareas agrícolas con once o doce años, me sitúa en una posición privilegiada para entender mejor todo aquello como testigo sufriente que fui.

Antes de eso, ya había visto a mi alrededor cómo mi hermano primero y después mis hermanas empezaron a trabajar enterrados en agua y barro con diez años en los sesenta. Junto a ellos, otros miles de niños y niñas eran parte de las cuadrillas de jornaleros que se distribuían por las diferentes fincas arroceras de toda la Marisma.

En el verano de 1971, yo tenía doce años cumplidos, pero según el dicho común de entonces ya contaba con el cuerpo suficiente para trabajar, con lo que lo de la edad era algo secundario. Lo importante era que ya estaba en condiciones de aportar un jornal a la casa y significaba otra fuerza de trabajo más que, a cambio de ese jornal, le reportaba al patrón su correspondiente plusvalía, aumentada con respecto a los mayores por la baja cuantía de mi salario como menor de edad. La normalización social de este hecho era total: en mi casa, lo que yo escuchaba y asumía con naturalidad era que mis hermanos ya habían empezado a trabajar siendo infantes y ahora me tocaba a mí.

En la calle, mis amigos me transmitían el mismo mensaje de que había que aportar el sueldo a la casa y que ellos también se iban a trabajar aunque tuvieran que dejar la escuela, siendo incluso algunos más jóvenes que yo.

Nunca reproché a mis padres su actitud de enviarnos a trabajar a los hermanos siendo niños, pues ellos, igual que millones de familias que tenían que hacer lo mismo con sus hijos, eran víctimas de aquel sistema explotador y del régimen político que lo avalaba. Mi propio padre también fue trabajador infantil y trabajaba todo el año. Mi madre, de igual forma, empezó de niña y de mayor tuvo que compaginar la tarea doméstica con la de cocinarle durante varios años a los trabajadores agrícolas del arroz.

La pobreza, la incultura y el analfabetismo servían de caldo de cultivo para los intereses económicos de los patronos y para las ansias de poder y dominio de una Dictadura fascista que necesitaba mantener aquel orden social como condición *sine qua non* para su continuidad.

Recuerdo que llegué con mi padre un día de junio del citado 1971 a La Mejorada. Acababa de terminar el quinto curso de Educación General Básica e iba muy contento por las buenas notas conseguidas en el colegio. El baño de realidad que recibí al entrar el primer día en la tabla y enterrarme por encima de los tobillos en barro y descalzo me hizo comprender que eso de las buenas notas y la escuela carecían de valor en aquel ambiente tan embrutecedor y estresante, con jornadas de trabajo de diez horas al principio y de ocho en las siguientes semanas.

Llegaba muy cansado a mi casa, pero me motivaba el hecho de cobrar mis primeros jornales de 100 pesetas, el 50 % menos que los mayores, pero venían muy bien a la economía familiar. El trato con nuevas personas que iba conociendo me ayudaba a sobrellevar el duro trabajo con mejor ánimo. Nunca perdí de vista el objetivo de salir de aquel mundo lo antes posible y desarrollar más mi vocación por el estudio y el aprendizaje, pero la vida y las necesidades económicas me lo pusieron difícil.

Afortunadamente, el trabajo infantil está hoy prohibido en España por debajo de los dieciséis años. Los que lo conocimos siendo aún niños no lo echaremos de menos.

Niños trabajando en el arroz

3. La escuela y fotos fijas que recuerdo del pueblo

En el verano de 1964, se amplió mi familia con el nacimiento de mi hermana Eduardi en nuestra casa del pueblo (porque las madres todavía parían en las casas), pero rápidamente la trajeron a La Mejorada a vivir con nosotros. Al poco tiempo, mis hermanas Amparo y Encarna dejaron el duro trabajo en el arroz, en el que habían empezado siendo unas niñas, y se marcharon al pueblo para trabajar en los almacenes de aceitunas de Dos Hermanas, algo que hicieron centenares de mujeres de Los Palacios y Villafranca y que suponía un avance significativo en su situación laboral, pasando de estar metidas en agua y barro sin ningún tipo de cobertura social a un empleo menos penoso y en mejores condiciones, ya que las aseguraban y se les reconocían algunos derechos laborales.

En el curso escolar de 1966, con casi ocho años, me llevaron a la escuela por primera vez, por lo que me trasladé a vivir con mi abuela a mi casa natal y abandoné mi estancia permanente en La Mejorada, a la que volvía para estar con mis padres en las vacaciones escolares del verano. La convivencia con mi abuela era difícil por la sordera intensa que padecía y una obesidad que le anulaba en gran parte su movilidad e influía en su estado de ánimo. Distinto era el trato con mi abuelo, que me daba todo su cariño, y con mi tía Eduarda, que era mi segunda madre hasta que se casó y se fue a vivir a Dos Hermanas.

Mi primera escuela estaba en El Cerro, el barrio más pobre y abandonado de Los Palacios y Villafranca, pero al que siempre recordaré con todo mi afecto, a pesar de que el primer recibimiento que tuve fue un tanto hostil.

Aquella escuela se componía de dos barracones separados por una explanada de tierra que servía de recreo. El barracón de la izquierda estaba dividido en dos aulas para niños y en el de la derecha estaban las niñas, igualmente en dos aulas. Entonces todos los colegios estaban segregados, los niños con los niños y las niñas con las niñas, y compartiendo los cursos con escolares de distintas edades. Un desbarajuste muy propio de la escuela franquista.

Mi primera escuela en El Cerro, a la izquierda en la fotografía

A pesar de que el sistema educativo de aquel tiempo era puro adoctrinamiento, con una presencia asfixiante de la Iglesia Católica, con el cura que venía todas las semanas, y de la insoportable historiografía patriotera del Régimen, en lo personal guardo un entrañable recuerdo de mi paso por la escuela de El Cerro, ya que fue allí donde ocurrió algo fundamental para mí: aprendí a leer y a escribir gracias a algunos maestros que, por encima del ideologizado modelo educativo oficial, fueron grandes profesionales.

Allí pasé tres años hasta el tercer curso de la antigua Enseñanza Primaria, siendo testigo en ese periodo de cómo se sustituyeron las chozas existentes por casas de uralita, que a la postre también resultaron ser infraviviendas insalubres. Pero, sobre todo, me marché de aquel colegio con la agradable sensación de haberme hecho amigo de la inmensa mayoría de mis compañeros de escuela en todos los cursos.

El Cerro que me encontré al llegar por primera vez

Al llegar al Cerro y observar aquel lugar, al que iba por primera vez, pensé que, en nivel de pobreza y carencias, era lo que más se asemejaba a lo que ya había visto antes en La Mejorada, aunque con mayor densidad de personas y de paupérrimas viviendas que las acogían. Eran sus calles de tierra, más parecidas a caminos que a vías públicas, que se convertían en un barrizal en tiempo de lluvia, sin alumbrado público, sin servicios básicos de ningún tipo. Con aquellas chozas de pasto, más propias de un poblado africano que de un barrio de un país europeo, con escasa luz en alguna de ellas, sin agua corriente, sin alcantarillado y con un alto grado de insalubridad en su interior y exterior, con suelos terrizos y en las que sus moradores vivían en completo hacinamiento. Existía una gran cantidad de familias numerosas cuyos miembros más jóvenes, los niños, deambulaban por todo el barrio descalzos y semidesnudos, actuando a su libre albedrío y sin escolarizar.

Recuerdo verlos correr por encima del carámbano de las charcas frente a la escuela, sin calzado y en pleno invierno. Su comportamiento carecía del más elemental civismo. Fueron los que el primer día nos recibieron en actitud de rechazo cuando llegamos a la escuela, por considerarnos gente extraña. De vez en cuando lanzaban piedras contra la puerta del colegio, provocando la inmediata salida de los maestros, acusándolos de maleducados, y a lo que aquellos niños solían responder con variados insultos, a la par que emprendían la huida. En aquella España de Franco, miles de barrios estaban encuadrados en la más absoluta marginalidad.

Las chozas del Cerro, viviendas habituales en aquel barrio

El Cerro de la Horca, como se le denominaba en Los Palacios y Villafranca, era uno de ellos; si bien es cierto que, pese a su situación de exclusión social y estrecheces, incluso alimentarias en muchas familias, no observé signos destacables de violencia más allá de esporádicas peleas de pandillas de niños de El Cerro y El Pradillo.

Quiero resaltar que ambos barrios eran fundamentalmente de clase obrera, importantes surtidores de la mano de obra jornalera que, con su esfuerzo, hacía posible que las cosechas de arroz en la Marisma salieran adelante, junto, claro está, a otra mucha gente de varias zonas del pueblo.

Aunque a la escasa ayuda alimentaria que repartía Cáritas también acudían personas de diversos barrios del municipio, fue El Cerro el lugar propicio para que la Iglesia, con aquel cura llamado Juan Tardío al frente, practicara a fondo la política de caridad cristiana. Se aprovechaban, tanto el Clero como el Régimen, de su estado de pobreza y el analfabetismo de su gente, con aquellas colas del hambre a las puertas de la Iglesia Mayor, compuestas de personas que esperaban su turno para recoger un kilo de garbanzos que les entregaba Cáritas, a cambio de que les dieran las gracias a Dios por tanta «generosidad». Con gestos así las convencían de que tenían que resignarse a ser pobres y vivir de la caridad y la limosna.

Esto en realidad no dejaba de ser desde el punto de vista social el fascismo en pleno desarrollo. Para completar este experimento en el más puro estilo de la ideología franquista, utilizaron como propaganda de su política la eliminación de las chozas de pasto y la construcción de las nuevas casas de capuchina, sin servicios básicos y con bajos techos de uralita, que garantizaban mucho frío en invierno y mucho calor en verano.

Eran otro tipo de infravivienda insalubre, en la que sus residentes tuvieron que vivir hasta finales del siglo XX, cuando afortunadamente se sustituyeron por otras casas de mejor calidad y más habitables.

Cambio de colegio

Como ya comenté antes, durante las vacaciones escolares del verano del 71, ya estuve trabajando en la Marisma, pero volví al colegio al inicio del nuevo curso.

Fue a partir de marzo del 72 cuando me incorporé a trabajar de manera continua en el campo, una vez dejada atrás mi etapa escolar.

Llegué a La Mejorada en plena faena de preparación de las tierras para la plantación del arroz en las diferentes tablas. Una preparación que pasaba por el arado, la llegada del agua a las mismas y la siembra intensiva de las semillas en planteras, para, una vez que germinaran y se convirtieran en tallos, disponerlo todo para su traslado en trineos y su planta con las manos en aquella inmensa lámina de agua que formaban las mencionadas tablas, separadas por aquellos muretes de barro llamados almorrones. Ya metidos en pleno mes de mayo, todo estaba listo para la llegada de los plantadores, que un año más se tendrían que enfrentar a una tarea que, junto a la siega a mano, ya felizmente sustituidas por las máquinas cosechadoras, eran las más penosas y extenuantes del trabajo en los arrozales.

Después del Cerro, me trasladaron a la escuela del Mahoro o María Auxiliadora, que era el nombre oficial. Allí empecé el cuarto curso con un maestro de Casariche apodado *El Galleta* y de nombre José Manuel, teniendo de compañero de pupitre a Juan José Picossi, que después sería durante bastantes años Secretario Municipal en el Ayuntamiento de Los Palacios y Villafranca. Seguí en el quinto curso con José Troncoso y llegué al sexto con Emilio Algarín, no pudiéndolo terminar, pues a partir de marzo del 72 lo tuve que dejar para ir a trabajar a la Marisma, en la que, como digo, ya había estado en el verano del 71 durante las vacaciones.

Hasta ahora había conocido la vida y el trabajo en la Marisma desde la mirada de un niño. Desde de mi salida del colegio la conocería de primera mano como trabajador.

En mi casa se habían producido cambios importantes. Mi familia se vino del campo a residir en nuestra casa de Los Palacios y Villafranca. Antes, en el 68 había nacido otro nuevo miembro, mi hermano Juan. En el 71, mi hermano Curro se fue a la mili, con lo que dejó de entrar un salario en el hogar, así que fui yo, con mi incorporación al mundo del trabajo, siendo aún menor, el que tuvo que compensar ese jornal que faltaba.

En ese momento tenía trece años y ya sí que se fueron quedando las cosas más claras en mi memoria. Empecé a ver y sentir en mis carnes la construcción con palas y palines de los muros de separación de las tablas de arroz llamados almorrones, de los drenes de desagüe de las planteras y la siembra de estas también a mano. El arranque de la planta lo realizaban hombres de más edad desde las seis de la mañana fabricando garbas con la finalidad de distribuirlas por las tablas y convertirlas, de la mano de los plantadores, en pequeños manojos llamados piquetes que aquellos enterraban en el barro debajo de la lámina de agua. Este era sin duda el trabajo más duro e inhumano que aún existía en la Marisma y del que afortunadamente me libré por ser muy joven.

Este tiempo de siembra y planta del arroz requería los mayores esfuerzos físicos, pues al de la planta se unía el del transporte de las garbas en trineos tirados por mulos por medio de las tablas. Unas garbas que repartían dos o tres personas, daba igual que fueran mujeres o niños, desde los propios trineos tirando aquellos pequeños pero pesados y sucios fajos al agua, causando el empapado total de agua y barro de las ropas de aquella gente, para la que no existía ninguna medida de protección ni seguridad en tan penosa labor, siendo frecuente, la caída al agua de las tablas de algunas personas por los resbalones que provocaba el lodo de los trineos.

Todos estos trabajos se desarrollaban en larguísimas jornadas de once o doce horas, de sol a sol y de domingo a domingo, porque en las faenas previas y durante la planta no había días de fiesta. A veces las trabajadoras y trabajadores se llenaban de rabia aún más al contemplar como el señorito terrateniente visitaba con regocijo sus tierras y recibía la humillante reverencia de capataces y encargados, mientras aquellos se hallaban inmersos en tan dura actividad enterrados en barro y descalzos.

A través de la manada

Allá por la primavera del año 1972, una vez que se solucionó el conflicto que provocó una huelga en la planta de arroz, rápidamente se reanudó la actividad en toda su plenitud. En el arranque en las planteras, las garbas, para su manipulación y transporte, se ataban con hilos de esparto natural, un material que se suministraba a las diferentes fincas arroceras en paquetes que llamaban maletas, que a su vez se dividían en unos manojos que allí se les denominaba macillos. En La Mejorada, este material lo almacenaban en el secadero de Caño Navarro, a varios kilómetros de los tajos, por lo que conforme se agotaba el esparto y se necesitaba más, había que desplazarse por nuevas maletas al citado secadero de Caño Navarro.

Esta finca era también propiedad de Guardiola Fantoni, con una importante extensión de tierra que se dividía entre una parte dedicada a la siembra de sorgo y la otra estaba destinada a la cría de reses bravas. En una amplia llanura, que iba desde la orilla del Río Viejo hasta las instalaciones del secadero y las viviendas existentes, cientos de vacas bravas, becerros, erales, novillos y toros pastaban allí, siendo uno de los diferentes lugares de reproducción de la ganadería Guardiola, a la que había que reforzar en su alimentación con el sorgo que se producía en la misma finca y con otros piensos y pastos que se traían de fuera.

De pequeño acompañé a mi hermano en alguna ocasión, cuando junto a otros trabajadores repartían por todo el cerrado pasto de arroz para el ganado en una galera tirada por un tractor. Recuerdo ver cómo aquellos animales, tanto vacas con sus crías como toros de más de quinientos kilos, que les faltaba poco para ser llevados a la plaza para su lidia, se acercaban a la galera, desde la que se les lanzaban brazadas de pasto. En plácida actitud lo devoraban sin mostrar el menor atisbo de su congénita bravura.

Yo contemplaba la escena desde arriba de aquel gran remolque, con la tranquilidad y confianza que me inducían las imágenes de aquellos bóvidos pastando y de los hombres que a ras de tierra se acercaban relativamente a ellos a echarles el pasto, sin que vacas y toros se inmutaran por su aproximada presencia.

En ese momento, la sensación de miedo era escasa en mí, tal vez por exceso de confianza o por no tener una clara noción del peligro que tenían unos animales con instinto salvaje, a los que observaba desde mi cómoda tribuna convencido de que allí no me alcanzarían.

Durante el tiempo que viví en La Mejorada, la presencia de ganado bravo cerca de mi casa era algo normal para mí. Detrás estaba el cerrado Las Mauriñas con reses bravas y del que nos separaba una valla. En la parte de enfrente, estaba El Sargal, con sus vacas y toros de lidia, con otra valla de protección que servía de frontera entre ellos y el propio cortijo. Fue en el año referido al principio, 1972, cuando me enfrenté a la prueba de meterme dentro de una manada de reses bravas sin más defensa que el ciclomotor de mi padre.

El vehículo en cuestión era una Guzzi Dingo 49 cc, a la que el verano anterior mi padre me había enseñado a conducirla. Un día me dijo: «Manuel, el esparto se está acabando y mañana no habrá bastante para el arranque y amarrar las garbas, así que coge la moto, ve a Caño Navarro y te traes algunas maletas». Sorprendido, le dije: «Pero es que las vacas bravas se ponen en el carril por donde hay que pasar y me pueden embestir». A lo que me respondió: «No tengas miedo, toca el pito de la moto y verás cómo se apartan».

Macillos de esparto

Con total confianza en lo que me había dicho mi padre, emprendí la marcha en la Guzzi hacia Caño Navarro. Al llegar al cerrado, había una cancela, la abrí y me introduje en el mismo unos cuantos metros hasta situarme frente a la carreterilla de tierra, que, como una línea recta, llegaba hasta el secadero. Allí me paré y contemplé cómo los toros grandes estaban alejados, pero por toda esa carreterilla había vacas con sus becerros, que dicen que son incluso más peligrosas y agresivas que los toros.

Durante unos minutos estuve dudando si seguía adelante o me volvía atrás sin el esparto; lo que tenía frente a mí impresionaba, pero finalmente decidí continuar. Arranqué la moto de nuevo y empecé a acelerar al tiempo que fijaba, como si tuviera pegamento, el dedo en el pequeño claxon, con el efecto, gratamente sorprendente, de que las vacas se apartaban al escuchar el sonido emitido por aquel pito de la Dingo. Efectivamente, mi padre tenía razón, aquel ruido ahuyentaba a los animales y pude llegar a mi destino del secadero y recoger el esparto. En realidad, fue un momento de nervios y angustia aquella travesía por medio de la manada de vacas bravas.

Después había que volver, cosa que hice ya sin dudas y apretando el dedo en el pito a tope en todo el trayecto, con el resultado de que la vía se iba quedando expedita de vacas y pude llevar el necesario esparto a La Mejorada.

La misma operación a través de la manada la repetí aquel año en varias ocasiones más, ya con la tranquilidad y confianza que me daba aquel efectivo método del pito de la moto, aunque, en una ocasión, una vaca se quedó en la orilla del carril e hizo el amago de embestir, a pesar de mi continua pitada y el inevitable grito de desesperación, provocándome un susto que afortunadamente no pasó a más. Fue esa una experiencia que no volví a repetir, porque al año siguiente me trasladé a trabajar a otra finca donde no había ganadería. Ahora, con el paso del tiempo, pienso que era una temeridad, que, aunque en ese momento no lo viese, suponía asumir un alto riesgo, siendo un niño de trece años, a cambio del bajo precio que me pagaban como jornal.

Mis recuerdos del flamenco y de su presencia en el ámbito rural

Desde pequeño, siempre escuchaba a muchos trabajadores y trabajadoras cantar en las faenas de la Marisma. Observaba que mucha gente en sus casas oía en la radio a los cantaores y cantaoras andaluzas más célebres de aquella época, unas veces de forma individual y discreta, como mi padre por las noches antes de dormir, y otras con los aparatos de radio o los tocadiscos con tan alto volumen, que perfectamente los escuchaban los transeúntes de las calles. El cante flamenco era la música por antonomasia. Se cantaba en los tajos, en las tabernas del pueblo o en las cantinas de los diferentes asentamientos marismeños. En el caso de los jornaleros y jornaleras, para los y las que se atrevían a cantar, más allá del quejío y el lamento, era un desahogo, una manera de digerir mejor la dura realidad de su trabajo en el campo.

Tanto en el pueblo como en la Marisma, cuando se extendió el hábito de portar algún transistor durante el trabajo, las voces de Vallejo, Valderrama, Marchena, Mairena, Cepero, la Niña de La Puebla o Naranjito de Triana, junto a otros artistas menos conocidos, estaban presentes en todos los programas dedicados al cante jondo, combinados con los intérpretes de sevillanas o la copla. Así ocurría hasta que, en la década de los sesenta, los nuevos ritmos y sonidos como el rock o el pop, llamado en España el estilo yeyé, conquistaron los gustos musicales del público más joven, reduciendo notablemente la influencia social del flamenco, al que las nuevas músicas fueron desplazando hacia un público de mayor edad.

Fue un periodo complicado para el arte flamenco, al que en la radio y televisión iban solapando aquellos nuevos estilos de música. No obstante, al principio de los setenta, el mundo del flamenco, que había resistido a los embates de las músicas modernas, centrado en los tablaos y los espectáculos de variedades, se reinventó con los festivales flamencos que se extendieron por toda la geografía andaluza. La aparición en escena de una nueva generación de intérpretes, entre los que destacaron El Camarón de la Isla, Rocío Jurado, el dúo Lole y Manuel, Juanito Villar, Pansequito, El Lebrijano o los guitarristas Paco de Lucía y Manolo Sanlúcar fueron un revulsivo para un estilo, el flamenco, que ayudó a superar las horas bajas en las que se había visto sumido los años anteriores.

El flamenco, un sentimiento y una pasión con verdadero arraigo en Los Palacios y Villafranca

Oficialmente, existe un amplio consenso entre la mayoría de historiadores y flamencólogos a la hora de situar el nacimiento de este arte tan popular en el tramo final del siglo XVIII y en señalar su epicentro en la ciudad de Jerez de la Frontera.

Aunque otros estudiosos del tema van más atrás y fijan el surgimiento de esta expresión artística en el final del siglo XV, coincidiendo con la expulsión de España de los judíos y moriscos por parte de los Reyes Católicos. Estas mismas fuentes indican que el flamenco primigenio fue una mezcla de la cultura de ambas etnias, siendo los moriscos quienes la fueron extendiendo por Andalucía, como herederos de los antiguos andalusíes.

Según una de las teorías más creíbles, la de Blas Infante, la denominación de flamenco viene de la palabra árabe *Felah-Mengus*, que significa «campesino errante». Los gitanos, considerados por muchos como los pilares de la posterior formación y evolución del flamenco, gracias a la aportación a este de su propia danza y expresión emocional, lo moldearon de tal forma que su influencia fue decisiva en la conformación de la triple expresión artística flamenca tal como la conocemos hoy, basada en el toque, el baile y el cante. A ellos se les atribuye la maternidad de esta modalidad folclórica, nacida como un lamento y una queja de su situación de marginalidad, que expandieron por toda Andalucía, Extremadura y Murcia, ayudados por su intrínseca condición de pueblo nómada.

Iniciado como un canto y danza que se practicaba en sus orígenes en fiestas y celebraciones íntimas y familiares gitanas, el eco del flamenco fue llegando a la gente del campo y a otros colectivos de personas marginadas y despreciadas por los poderosos.

Fue así como muchos jornaleros o mineros, aun sin ser gitanos, hicieron suyos los lamentos y quejas del flamenco como forma de expresar su propia explotación, demostrando con ello la raíz popular de ese arte. Durante muchos años, el lamento y el quejío flamencos reflejaron un sentimiento de resignación de las clases oprimidas y excluidas, pero terminaron calando como cante, también, en los gustos musicales de las clases más pudientes. Como exponente de esto, los señoritos promocionaron la celebración de sus particulares fiestas de cante jondo en los cortijos, donde trataban a los cantaores como unos bufones que tenían la misión de divertirlos a ellos.

Habrían de pasar muchos años para que el flamenco adquiriera un carácter reivindicativo en sus letras y sirviera de elemento transmisor de los anhelos de ruptura, cambio y bienestar de miles de personas sencillas y humildes.

Los cafés cantantes

En los años setenta del siglo XIX, surgieron una serie de locales con un escenario, donde el público alternaba el consumo de copas y café en un amplio salón con la visión de las actuaciones musicales que se desarrollaban en el citado lugar. Estos locales, en imitación de los cafés espectáculos de París, albergaron diversas modalidades de música, entre las que se introdujo el flamenco. Se llamaban cafés cantantes y fueron impulsados, según varios estudiosos e historiadores de la materia, por el sevillano Silverio Franconetti, abriendo paso, con él mismo como protagonista, a la profesionalización del flamenco.

Los cafés cantantes, en los que se produjo la mixtura de artistas gitanos y no gitanos, proliferaron por Sevilla y otras ciudades, alcanzando su máximo esplendor a principios del siglo XX. Fue a partir de 1920 cuando comenzó su decadencia como consecuencia del impacto de la irrupción de la radio y el cine, que redujeron la afluencia de público que acudía a presenciar las actuaciones de bailaores, cantaores y guitarristas en directo. Los cafés cantantes fueron los predecesores de los actuales tablaos flamencos, surgidos como continuadores de aquellos a partir de la década de los sesenta del siglo XX. La estética es parecida a los primeros, con un escenario de tablas, de ahí su nombre de tablaos. Si los iniciales cafés cantantes fomentaron y extendieron el flamenco entre las poblaciones urbanas, sus herederos, los tablaos, han supuesto una plataforma de lanzamiento del cante jondo, que lo han elevado a un arte de categoría nacional e internacional.

Aunque Andalucía sigue siendo y lo será por siempre la cuna del flamenco, el auge de los tablaos y después de los festivales llevó a centenares de artistas de nuestra tierra a buscar el éxito a otros lugares del extranjero, como Japón, Hispanoamérica o Francia, y a muchas ciudades de España, destacando Madrid, convertida en el principal polo de atracción de los flamencos andaluces, y Barcelona, el centro de grabaciones más importante del país.

Un flamenco de mayorías y reinvindicativo

El flamenco, en el primer tercio del siglo XX, dejó de ser un estilo musical de minorías y circunscrito a Andalucía para pasar a transformarse en arte de masas, traspasando los límites de esta región y expandiéndose por todo el territorio estatal. La radio y el cine (este en menor medida), a la par que restaban afluencia de espectadores a los cafés cantantes, eran unos altavoces que lograban llevar a los más recónditos lugares la voz de aquellos cantaores y cantaoras, el taconeo de los bailaores y bailaoras y el toque de las guitarras, gracias a la incipiente industria discográfica, cuyos discos permitieron que los sonidos del flamenco se proyectaran a través de las ondas radiofónicas.

El clima de conflictividad social existente en España en las primeras décadas del siglo XX influyó en las letras del cante jondo. Del clásico grito de lamento y de temas de amor o resentimiento, que caracterizaban las esencias sonoras flamencas, se fue pasando a estrofas de contenido social o reivindicativo, que alcanzaron su máxima expresión con el advenimiento de la Segunda República Española, el 14 de abril de 1931. Según refleja el escritor y cantaor Juan Pinilla en su obra *Las voces que no callaron*, la adhesión al nuevo sistema republicano fue el común denominador de la mayoría de artistas e intérpretes del flamenco de la época, convertido ya en la música más popular del país. Como ilustración del contenido social de las letras flamencas, José Cepero cantaba:

A la mujer del minero
se le puede llamar viuda
que se pasa el día entero
cavando su sepultura.
¡Qué amargo gana el dinero!

Como ejemplo de apoyo a la República, cantaba Manuel Vallejo:

Al grito de viva España
canto el fandango gitano
y en el que llevo puesta mi alma
como buen republicano.

Pastora Pavón *Niña de los Peines* paseaba por los escenarios de toda España un tango que decía:

Triana, Triana,
qué bonita está Triana
cuando le ponen al puente
banderas republicanas.

Junto a ellos grandes artistas flamencos de aquel periodo mostraron su compromiso con la República, destacando Juanito Valderrama, la Niña de La Puebla, Antonio Mairena, Pepe Marchena, Carmen Amaya, Angelillo, Ramón Perelló, Guerrita, Canalejas de Puerto Real, Miguel de Molina, el Niño de Utrera, el Niño de la Huerta, Niño Ricardo o el Chato de Ventas, fusilado por los falangistas.

Según la obra de Alfredo Grimaldos *Historia social del flamenco*, todos ellos, además de otra gran cantidad de artistas flamencos, menos conocidos pero igualmente comprometidos con el sistema republicano, fueron reprimidos, se marcharon al exilio o se adaptaron al nuevo régimen franquista, renunciando a sus principios para poder sobrevivir.

El nacionalflamenquismo

Francisco Almazán, profesor en la Universidad de Salamanca y flamencólogo, definió en 1972, en la revista *Triunfo*, como nacionalflamenquismo la utilización en su favor del flamenco por parte del régimen de Franco. Después del fin de la Guerra Civil y la implantación de la dictadura franquista, el nuevo régimen, que carecía de un proyecto cultural propio, se apoderó del flamenco y lo adoptó como su nuevo arte popular.

Los artistas que no se exiliaron necesitaban subsistir, para lo que iniciaron un proceso de adaptación a las exigencias de las nuevas autoridades, que vaciaron el arte flamenco del contenido social y político de sus letras, imponiendo una severa censura para controlar lo que cantaban dichos intérpretes. Muchos de estos cambiaron de estilo y se volcaron en el mundo de la copla, definición que sirvió a la Dictadura para englobar ahí el cante, el baile, el toque y los diferentes palos del flamenco, pasando a ser el cante jondo como una variante de la copla española.

La copla se entendió como una suerte de música oficial del nuevo Estado, con las llamadas folclóricas —Lola Flores, Juanita Reina, Paquita Rico, Concha Piquer o Marujita Díaz— como principales estandartes de la misma. Los compositores y los intérpretes flamencos de fandangos, bulerías, seguiriyas o soleás pusieron el amor, el despecho, la pena, el paisaje o los sentimientos religiosos como temas centrales de unas estrofas que estaban cargadas de rancio machismo patriarcal, en las que generalmente la mujer era culpable de algo.

El Pozo de las Penas

Como fiel reflejo de la gran afición al flamenco existente en Los Palacios y Villafranca, se creó en 1951 la Tertulia Flamenca El Pozo de las Penas, a raíz del encuentro y la confraternización de un grupo de jóvenes palaciegos apasionados del arte flamenco, que con determinación decidieron formar una asociación que impulsara y fomentara las esencias del cante jondo.

El núcleo fundacional del Pozo de las Penas, según la propia historiografía de la Tertulia, lo formaban Francisco Duque *Currela*, Manuel Muñoz, José Parejo *El Chela*, Paco Cabrera, Miguel Roldán, Rafael González, Antonio Romero *Romerito* y Emilio Bejines.

Entre todos constituyeron una de las primeras peñas flamencas de Andalucía, que hoy, setenta y cuatro años después, sigue siendo el principal referente del pueblo y una de las de mayor solera y respetabilidad de nuestra tierra.

Las charlas-coloquios, las actuaciones de diferentes intérpretes flamencos del pueblo o la puesta en marcha del Festival de la Mistela forman parte de las actividades que ha venido desarrollando El Pozo de las Penas en Los Palacios y Villafranca. En reconocimiento de su gran labor de defensa y difusión del arte flamenco, la ONCE le dedicó el sorteo del 9 de junio de 2021 y un cupón con la imagen de la peña con motivo de su setenta cumpleaños.

En lo personal, me cabe la satisfacción de haber compartido un acto poético y una cena en la Tertulia El Pozo de las Penas, cuando estaba en la calle Real de Villafranca, con poetas locales como Manuel de Fora y con uno de los más grandes representantes de la poesía en habla hispana, Rafael Alberti.

Fue en el mes de septiembre de 1984, con ocasión de una visita de este a Los Palacios y Villafranca para inaugurar la rotulación de una calle palaciega en su honor, la calle Rafael Alberti.

Después de aquello, Alberti, en compañía de uno de los grandes flamencólogos, Fernando Quiñones, ofreció un recital de poesía en el antiguo cine Coliseo. Posteriormente, se celebró una cena, a la que asistí en calidad de cargo público del Ayuntamiento. Se da la circunstancia de que he tenido el placer de conocer personalmente a los dos Premios Cervantes de las Letras que han pasado por nuestro pueblo, Rafael Alberti y José Manuel Caballero Bonald, escritor, poeta y gran especialista en flamenco, que visitó Los Palacios y Villafranca en 2016.

Cena con Rafael Alberti en septiembre de 1984

El Festival de La Mistela

El principio de los años setenta fue el punto de partida de los festivales flamencos en todos los pueblos de Andalucía y de otras partes de España donde existía afición a este género musical. Los festivales fueron una especie de resurgir del cante jondo, con la multiplicación de los escenarios que daban cabida a numerosos intérpretes de ese cante, de su baile y de su toque. Tanto los clásicos, como los nuevos artistas que iban apareciendo en esos años paseaban su talento por los diferentes festivales flamencos, abriendo así una gran ventana de oportunidades para ellos y las nuevas promesas de este estilo artístico.

En Los Palacios y Villafranca, un pueblo, como digo, con gran arraigo del flamenco y situado entre las ciudades consideradas pioneras en esta modalidad —Sevilla, Utrera, Jerez y Lebrija—, el influjo de festivales como El Potaje de Utrera o La Caracolá de Lebrija se tradujo aquí en el nacimiento del Festival de La Mistela.

Según el crítico flamenco Manuel Bohorquez, el primer Festival de La Mistela en nuestro pueblo se celebró en 1973. Dando por bueno que esa fuera su primera edición, personalmente me acuerdo del mismo, ya que mi hermano Curro estuvo trabajando en el montaje del cercado del recinto de dicho evento, que se celebró en el verano de aquel año en el patio del antiguo instituto, situado en el colegio actual CEIP Juan José Baquero. El Festival constaba de dos modalidades: el propiamente llamado de La Mistela, donde actuaban artistas ya consagrados, y el de la Venencia flamenca, que era el lugar de promoción de los nuevos valores flamencos de la localidad.

La Peña El Pozo de las Penas fue la creadora e impulsora del Festival de La Mistela, que llegó a convertirse en uno de los principales acontecimientos flamencos de la provincia. Un logro en el que jugaron un papel decisivo personas como Francisco Cabrera, Francisco Duque *Currela*, Miguel Roldán o Francisco Roque, por aquel entonces el fotógrafo que mejor retrató el trabajo en la

Marisma. Después se fueron incorporando gente como José Luis Castillo o Juan Bautista Bodi, que junto a otros miembros de la Peña siguieron volcados en la organización y difusión del Festival, un evento por el que han desfilado a lo largo de los años los más destacados nombres del mundo del flamenco, como Juan Peña El Lebrijano, Antonio y Manuel Mairena, El Cabrero, Fosforito y un largo etcétera de personajes del cante jondo.

Con los años, el Festival cambió de formato, pasando de su celebración en espacios al aire libre al actual de evento que se desarrolla en recinto cerrado como el Teatro Municipal.

Los primeros años ochenta fueron los de mayor auge de La Mistela, al que asistía mucha gente aficionada que venía de fuera del pueblo, que junto al público local llenaban el amplio recinto donde tenía lugar el Festival. Tras unos años de incertidumbre y altibajos, su nueva modalidad lo mantiene como uno de los importantes actos flamencos que se celebran en sitio cubierto a nivel provincial.

Los artistas locales

Los Palacios y Villafranca, como demostración de su tradicional afición al flamenco, ha dado una serie de intérpretes destacados en diferentes palos de este género artístico. En mi infancia recuerdo que el más afamado era El Rerre de Los Palacios, especializado en las saetas. Después surgieron José Sánchez Itoly, Juan Carmona Distinguido, El Nene Escalera o Manuel Orta, en diferentes palos de cante, siendo este último el que alcanzó las mayores cotas de éxito, gracias a su paso al estilo de las sevillanas, sin olvidar al guitarrista Manolo Carmona, que acompañó con su toque a importantes figuras del cante. En la actualidad, existe otro importante elenco de intérpretes palaciegos, entre los que destacan Anabel Rodríguez *Anabel de Vico*, Miguel Ortega, María José Carrasco, su hija Reyes Carrasco, Juanelo o Pescaílla.

El flamenco, Patrimonio Cultural Inmaterial de la Humanidad

El flamenco fue declarado Patrimonio Cultural Inmaterial de la Humanidad por la UNESCO el 16 de noviembre de 2010. Con esta decisión se reconoce la importancia cultural de este estilo musical que combina cante, baile y toque, y que ha sido transmitido de generación en generación. El flamenco, nacido del seno de las clases populares, derivó con el tiempo en un arte de gustos socialmente transversales. En sus más de doscientos años de existencia, ha tenido que superar diversas etapas históricas, llegando en su época de esplendor, durante gran parte del siglo XX, a ser una música mayoritaria en diversas partes del Estado español, especialmente en Andalucía. Tras una Dictadura que silenció voces y letras críticas y se apropió del flamenco como música oficial del Régimen, volvió a resurgir renovado en la Transición, con nuevos artistas que recuperaron en sus letras el espíritu reivindicativo de antes del franquismo. Personas como El Cabrero, José Menese y Manuel Gerena o el grupo Gente del Pueblo dieron un nuevo aire al cante flamenco, en consonancia con el contexto histórico de ansias de libertad que sentía la ciudadanía. Desde el punto estrictamente artístico, los anteriormente mencionados en una parte de este relato —El Camarón, Rocío Jurado (antes de su pase a la copla) Lole y Manuel, Paco de Lucía o Manolo Sanlúcar— fueron grandes innovadores del arte flamenco.

Hoy en día, debido a la fuerte influencia de la música anglosajona en nuestra sociedad, el cante jondo hace tiempo fue perdiendo peso entre los gustos musicales de la población, pasando a ser en muchos casos un reclamo turístico que en cierta medida lo desvirtúa de su esencia y lo encasilla como un género exótico y minoritario. A pesar de eso, el flamenco pervive y sigue teniendo a muchos fieles aficionados que no renuncian a él y lo consideran como su primera tendencia musical.

Aquel cante que yo recuerdo, tan presente en las tabernas del pueblo, en la radio, en los tajos y en las cantinas de la Marisma, ha cambiado, con fusiones y nuevos estilos, pero básicamente sigue siendo, y creo que seguirá siéndolo, parte inherente de la cultura popular andaluza.

El Palenque, esplendor y caída de un trozo de nuestra historia

Según la Real Academia Española, un *palenque* es una valla de madera o estacada que se hace para la defensa de un puesto o para cerrar un espacio de terreno, en cuyo interior se desarrollan actividades diversas.

En la América Hispana también existe la palabra palenque en varios países, aunque tenga diferentes significados en cada uno de ellos. En México, por ejemplo, hay una ciudad en el estado de Chiapas que se llama Palenque, fundada en 1567 por el padre dominico fray Pedro Lorenzo. Los nativos de la selva Lacandona, donde está enclavada, llamaban a Palenque Otulún, que en su lengua significa «sitio cercado o fortificado».

Allá por el año 1932, el Ayuntamiento republicano decidió construir un palenque en Villafranca y Los Palacios, nombre de entonces de nuestro municipio. De su ubicación inicial se sabe que fue en el extrarradio del pueblo, probablemente en la zona oeste, en un lugar conocido por La Era. Después pasó a instalarse durante un tiempo en las inmediaciones del actual Ayuntamiento. Posteriormente se trasladó a la parte sur de la localidad, frente a la barriada que lleva el mismo nombre y junto a la antigua travesía de la Nacional IV.

Desde su nacimiento y durante su existencia, el palenque fue el lugar de confluencia de los agricultores locales, conocidos como manchoneros. Allí, a aquel recinto de propiedad municipal, transformado en un mercado, acudían los productores con los frutos de sus cosechas a venderlos a través de corredores o intermediarios, que colocaban los productos en otros mercados externos o en las propias tiendas del pueblo.

En principio, los tomates eran el producto más abundante, después llegaron las sandías, los melones, las calabazas, los pepinos, diferentes verduras y hortalizas y la uva de mesa. Aunque existía la venta al por menor en pequeñas proporciones de sandías y melones, a vecinos y viajeros que pasaban por la Nacional, la mayor parte de los citados productos agrarios locales que entraban en el Palenque iban destinados a mercados de localidades cercanas.

Otra parte de los mismos también se trasladaba incluso fuera de Andalucía (hasta en la mili me encontré con un soldado que me contó que él y su padre habían venido al Palenque de Los Palacios a comprar melones y sandías desde Valladolid).

Siendo niño, recuerdo la frenética actividad que se desarrollaba en el interior de el Palenque. Debajo de aquellas grandes carpas con techo de uralita, se daban cita, en un trasiego constante, decenas de manchoneros, con angarillas llenas de frutos de su cosecha a lomos de sus animales en su mayoría, con algunos carros de tracción animal, o en los motocarros (llamados entonces en el pueblo *hizocarros*). Años después, se fueron imponiendo otros medios de carga y transporte como los tractores con remolques, los motocultores o las furgonetas. Todos con el mismo objetivo de entregar sus cargas a los corredores, que a su vez las repartían entre los compradores que adquirían los productos y se los llevaban fuera para su venta.

Hay que recordar que las uralitas sustituyeron al techo anterior de pasto que cubría el Palenque, objeto de un gran incendio que lo destruyó por completo en 1964.

En todo este proceso, las mayores ventajas eran para los mayoristas, siendo los agricultores los menos afortunados, estando muchas veces a merced de la manipulación especulativa y arbitraria de los precios por parte de los primeros, ayudados a veces por algunos corredores, a pesar de que eran ellos, los manchoneros, los que con su esfuerzo producían las diferentes mercancías agrícolas.

El Palenque gozaba de gran popularidad en el municipio, adquiriendo una fama que trascendía el término de Los Palacios y Villafranca, con un movimiento en su interior de cientos de miles de kilos de excelentes productos de nuestra tierra.

Actividad de compra-venta de fruta en el antiguo Palenque

Según me explicó José Fernández *El Mosca*, agricultor y usuario del Palenque durante años, el mecanismo de venta en este establecimiento venía a funcionar de la siguiente manera: el manchonero llegaba con su carga y la dejaba en un espacio situado al entrar en las instalaciones del mismo. Los corredores iban revisando las diferentes cargas que los agricultores depositaba en el citado espacio. El corredor iba señalando los diferentes lotes que consideraba más idóneos para su venta a los mayoristas, ante los que él ejercía de intermediario. Se procedía al pesaje de la mercancía y esta se almacenaba en otro lugar dentro del Palenque, hasta que era retirada por los compradores al por mayor. Después, la oficina que el Ayuntamiento tenía allí cerca, una vez que había cobrado del mayorista, les pagaba a los manchoneros por sus frutos y a los corredores su correspondiente comisión de ventas.

El recinto donde el Palenque se ubicaba era el principal mercado agrícola del pueblo, en el que se establecía la conexión, a través de los corredores, entre los productores (manchoneros) y los compradores al por mayor, que solían ser fruteros de otros mercados, más las tiendas y fruterías del municipio o de otras localidades. Suponía el punto de venta y distribución más influyente, pero no el único, pues al margen de él, otros agricultores, algunos por descontento y otros por buscar mayor rentabilidad, daban salida a sus producciones por la vía de la venta directa desde sus propios campos, práctica que se realizaba también con el concurso de intermediarios, que ponían en contacto a los campesinos con los mayoristas que acudían a las tierras de aquellos y retiraban el género.

La Cooperativa Nuestra Señora de las Nieves

El descontento de muchos agricultores con el funcionamiento del Palenque, en el que se sentían maltratados y discriminados, fue derivando hacia la búsqueda de otras alternativas, tanto al citado Palenque, como a la venta desde el campo. La salida a este estado

de cosas la encontraron en la fórmula del asociacionismo, surgiendo así la Cooperativa Nuestra Señora de las Nieves, fundada
en 1967 y que sigue activa a día de hoy.

Constituida bajo los designios del Sindicato Vertical y some-
tida estatutariamente a la legislación franquista, la creación de
La Cooperativa, como popularmente se conocía, supuso un hito
importante en la historia de la agricultura en Los Palacios y Villafranca, al igual que en su día lo fue el nacimiento del Palenque Municipal.

Asamblea de agricultores en la Cooperativa Las Nieves

Teóricamente, estaba concebida para que todos los agricultores
asociados llevasen allí sus productos, desde donde se distribuirían
a los diferentes mercados y en igualdad de condiciones a la hora
de dar salida a sus cosechas, siempre respetando la proporciona-
lidad de los volúmenes de producción de cada cual. Frente a las
positivas expectativas que había generado entre el campesina-
do palaciego el nacimiento de La Cooperativa, la realidad de su
funcionamiento cotidiano fue demostrando que la nueva entidad
repetía los vicios y defectos que se le achacaban al Palenque.

Los mismos corredores que habían estado en el citado mercado municipal pasaron a La Cooperativa, dando lugar a frecuentes quejas de muchos campesinos que se sentían discriminados y denunciaban el trato de favor que recibían algunos en el momento de priorizar la salida y venta de sus cosechas. Un modo de actuar que, según los afectados, era atribuible a la estrecha relación de los favorecidos con los corredores y a su cercanía a los directivos de La Cooperativa, una crítica que he escuchado toda la vida y que sigue vigente casi sesenta años después.

Trasiego de vehículos frente a la Cooperativa Las Nieves

EMPALSA

La aparición de la Cooperativa Las Nieves supuso una seria competencia de esta con el Palenque, estableciéndose una notable rivalidad entre ambos, una circunstancia que no favorecía precisamente a los agricultores, sino a los mayoristas y a los especuladores.

En 1979, se produjo un cambio histórico en todos los Ayuntamientos de España con la celebración de unas elecciones municipales que pusieron fin a las corporaciones locales franquistas.

En Los Palacios y Villafranca, accedió al Gobierno del Ayuntamiento el PCE, ganador de las elecciones y con Francisco Riverola como primer alcalde comunista en la historia del municipio. En su programa de Gobierno llevaba la propuesta de cambiar la estructura y el funcionamiento del Palenque Municipal.

Según me relató Julio Martín Valverde, un cultivador de tomates que en la primera legislatura ejerció de teniente de alcalde del Ayuntamiento, inicialmente, el Gobierno local implementó nuevas formas de gestión y administración del histórico mercado, buscando una mayor eficiencia y mejor control de su funcionamiento, partiendo de la base de fortalecer el carácter público del Palenque. En pro de esos objetivos, se fue avanzando hasta la transformación del Palenque en una empresa municipalizada llamada EMPALSA, allá por los primeros años ochenta.

Era un proyecto ambicioso, que primordialmente se marcó varias metas y retos importantes, entre los que sobresalían, primero, la extensión hacia nuevos mercados nacionales e internacionales que ofrecieran salida a los productos agrícolas del pueblo, y de paso promocionarlos en el exterior; y, segundo, la eficacia en la tramitación de los pagos a los agricultores por la venta de sus productos en el mercado municipal del Palenque.

Los primeros años de la nueva empresa municipal significaron un importante impulso al mercado del Palenque, reforzando el prestigio del mismo entre muchos agricultores, de los cuales un buen porcentaje recuperó la confianza en él. Esta situación favoreció el aumento del volumen de ventas, alcanzando cotas de movimiento de mercancías agrícolas cercanas a los quince millones de kilos, superando con creces las cantidades que se comercializaban en el anterior régimen.

En cuanto a la gestión, la mejoría con respecto a la época anterior fue notable, gracias al organigrama administrativo creado en la empresa, con un gerente profesional al frente de una oficina propia y con varios trabajadores que ejercían una labor de control de las cuentas y el funcionamiento de EMPALSA.

Todo esto ocurría en un contexto de innovación de la agricultura, con la aparición y posterior extensión del cultivo bajo plástico en invernaderos. La competencia y rivalidad se intensificó entre EMPALSA y la Cooperativa Las Nieves, sin que eso beneficiara a los campesinos locales, ya que, al tratarse de productos perecederos y de corta vida comestible, esa competencia a quien daba fuerza era a los mayoristas, que tendían a tirar hacia abajo los precios. Para paliar aquella situación, EMPALSA y la Cooperativa Las Nieves llegaron a un acuerdo en 1984 para defender el precio de la uva, uno de los productos más complejos de los que se comercializaban en ambos mercados.

Otro escenario que se abrió en aquellos años y que tuvo una influencia crucial en el comercio de productos agrícolas fue el de la Comunidad Económica Europea (después UE). Con la entrada de España en dicho organismo, se eliminaron muchas trabas arancelarias y favoreció el intercambio y la circulación de mercancías entre los países miembros.

Declive y desaparición del Palenque

Con el loable empeño de ampliar mercados para los tomates, sandías o uvas de Los Palacios y Villafranca, EMPALSA comenzó a moverse en el nuevo ámbito mercantil europeo, consiguiendo dar salida hacia Europa a muchos de los citados frutos de nuestros campos. En una de esas operaciones de venta, la empresa municipal acordó con una empresa francesa llamada COVETRA la venta de decenas de miles de kilos de mercancías agrarias.

Lo que en principio era, teóricamente, una gran oportunidad de negocio y de sacar fuera a buen precio muchas toneladas de frutos perecederos chocó con la dura realidad de que la citada empresa francesa resultó ser una organización de estafadores.

COVETRA retiró miles de kilos de productos del Palenque con el compromiso de pago *a posteriori* (aportó un documento de aval de la Banca Nacional de París, BNP, que en la práctica no tuvo validez). Dichos pagos nunca los efectuó, dejando una deuda colgada a EMPALSA de veintinueve millones de pesetas del año 1986, resultado de una gran estafa y del exceso de confianza y la bisoñez de los dirigentes de la empresa municipal.

Esa deuda fue un enorme lastre para EMPALSA, que afectó negativamente a sus proyectos de futuro, entre los que destacaban el de la comercialización de los productos locales en Europa.

En pleno proceso de reducción de la deuda y recuperación económica de la empresa EMPALSA, se produjo un cambio de gobierno en el Ayuntamiento, entrando a gobernar el PSOE, en coalición con el Partido Andalucista y Alianza Popular, actual PP. Estos partidos nunca creyeron en EMPALSA y desde el primer día de su acceso al Ayuntamiento demostraron una clara voluntad de dejar que el proyecto de esa empresa municipal se hundiera.

El nuevo Gobierno local invirtió la tendencia de progresiva recuperación de EMPALSA que se venía produciendo, dejando de manera intencionada que esta sucumbiera ahogada en sus deudas.

El final de la década de los ochenta también fue el principio del fin de EMPALSA y con ella del histórico Palenque como mercado público municipal, que con sus luces y sus sombras marcó a varias generaciones de manchoneros de Los Palacios y Villafranca.

Con voluntad política, estoy seguro de que ese modelo de mercado agrícola, el que representaba el Palenque, hubiera sido viable, pero los nuevos gobernantes coaligados del Ayuntamiento decidieron liquidarlo sin la menor sutileza. Primero dejaron sin actividad las instalaciones donde se desarrollaban las compras y ventas, después, ya con el PSOE en solitario, cometieron una de las mayores tropelías contra el patrimonio municipal, vendiendo al bajo precio de doscientos veinte millones de pesetas, en 1999, los terrenos del Palenque a una empresa privada para la construcción de una zona comercial. Con este acto, el PSOE enajenó un patrimonio histórico que tuvo una gran importancia en la economía palaciega.

Además del impacto económico de la operación, la desaparición del Palenque Municipal, que extendió su buen nombre más allá incluso de las fronteras de España, tuvo una repercusión sentimental y emotiva muy negativa en gran parte de los agricultores palaciegos, que lo consideraron como algo propio y que les ayudó en el sustento de sus familias.

La Marisma y los manchoneros

En Los Palacios y Villafranca, tras su unificación como municipio en 1836, se fue configurando una estructura de propiedad de la tierra basada en el minifundio o pequeñas porciones de terreno pertenecientes a varios centenares de vecinos del pueblo. El dicho de que «aquí la tierra está muy repartida» se traducía, y aún sigue siendo así en muchos casos, en propiedades que iban desde una fanega (6000 m^2) a las dos o tres hectáreas de tierra de cultivo.

A esos agricultores que labraban sus trozos de terreno fértil o manchones, descritos así por el diccionario y como un derivado de lo anterior, se les denominó y se denominan en la actualidad «manchoneros», nombre que he utilizado en varias ocasiones en mi relato como la expresión popular que define aquí al pequeño campesino.

Durante muchos años, fueron el principal soporte agrícola en nuestro pueblo y los usuarios troncales del Palenque. La mayoría de ellos desarrollaron una agricultura de subsistencia, con la siembra de tomates en lomos, de sandías o de viñas que producían uvas de mesa como las variedades lairén (blanca) o mollar (negra). Otros cultivaban esos mismos frutos como complemento económico a sus ingresos familiares. Al disponer de pequeñas cantidades de tierra, lo que en ellas producían no daba suficiente para sobrevivir, con lo que tenían que alternar la actividad en su pequeña propiedad agrícola con el trabajo asalariado. Buena parte de estos últimos y sus familiares trabajaban de jornaleros temporales en la Marisma, con lo que también sufrieron la brutal explotación que en ese territorio se practicaba. De alguna manera fueron un vínculo entre la manchonería, el Palenque y la Marisma. Coincidí trabajando en el arroz con muchos de ellos, lo que me motiva a hacerles este reconocimiento en mi personal relato marismeño.

La pequeña burguesía del pueblo

Los primeros recuerdos que tengo y lo que he ido conociendo después de mi pueblo, Los Palacios y Villafranca, es que su economía era eminentemente agrícola y su vida social giraba en torno a esta actividad, desarrollada por pequeños propietarios que cultivaban las tierras del este y norte del término municipal, que poseían unas modestas extensiones en un sistema de minifundios, pues Los Palacios y Villafranca nunca fue un pueblo de terratenientes.

Aunque, evidentemente, con todo esto coexistía un grupo de familias más pudientes, poseedoras de mayores extensiones de tierras que les proporcionaban un cierto nivel de ingresos.

Los miembros de las mismas eran los mejor situados económicamente, a los que se les llamaba «los ricos del pueblo».

Esta pequeña y mediana burguesía urbana en unos casos desarrollaba actividades económicas derivadas de sus plantaciones de viñas. Fundamentalmente la producción de vinos que almacenaban en sus propias bodegas para su posterior venta, como Eduardo Gómez o Juan Fernández *Juanito el del vino*. Ambos bodegueros contaban incluso con una pequeña plantilla de empleados durante prácticamente todo el año.

Otros como la familia Nieto Elías se dedicaban al transporte o a la hostelería. La familia Ramos era propietaria de algunas decenas de hectáreas, sembradas principalmente de olivos.

Algunos parientes del escritor y poeta falangista Joaquín Romero Murube también desarrollaban actividades de cultivo de sus tierras y de producción de vinos.

Otras familias, como los Núñez, se dedicaban a la venta de piensos, y Paco García era el distribuidor oficial de la cerveza Cruzcampo y de varias marcas de refrescos.

Junto a tres de las mencionadas antes, completaba el cuadro de principales productoras de vino la bodega Busto o *Curro la Casilla*, que se ha quedado como la única y más antigua del pueblo.

Conviene recordar que en esos años proliferaron los lagares por el núcleo urbano, pues entonces existía una importante producción de uvas para vino, además de las uvas de mesa. En varios de ellos se pisaba la uva en pequeñas cantidades para el consumo del mosto en las diferentes tabernas del municipio.

De aquello, recuerdo el importante movimiento de carros cargados de uva en dirección a los diferentes sitios donde se les extraía el caldo para su conversión en vino y el aroma a arrope (jarabe dulce obtenido del mosto) que en otoño invadía el aire de muchas calles.

En mi casa se sentía con especial intensidad, ya que, frente a ella, en su parte trasera, en la calle Cisne, estaba la bodega de Eduardo Gómez. Un poco más adelante teníamos la de Juanito el del vino y, en la parte delantera, en la calle Diego Llorente y a pocos metros, se situaba la del Narigón. Muy cerca, en la calle Cervantes, había otra, la de Demetrio Terrón.

Todas las familias mencionadas antes eran el núcleo principal de la gente más favorecida económicamente de Los Palacios y Villafranca. Excepto las de Busto o la de Ramos, las otras cuatro estaban vinculadas al Régimen y orgullosamente afectas al mismo, al que debían en gran parte su privilegiada posición social y económica. Con el paso de los años, los herederos de algunas de esas fortunas las dilapidaron junto a la posición social que estas les otorgaban.

La economía palaciega en aquellos años

Los tipos de cultivo que predominaban en los terrenos de minifundio eran tomates en tierra calma, las viñas, los olivos o trigo en pequeñas cantidades, junto a la siembra de sandías, calabazas, papas u otros frutos como peros, naranjas, melocotones o ciruelas, además de hortalizas como acelgas, habichuelas, lechugas o alubias, garbanzos, guisantes, cebollas o ajos.

La otra actividad económica que acompañaba a la agricultura era la cría de ganado vacuno, caprino y porcino, los primeros para la venta de su leche y los cerdos y terneros para obtener su carne y ayudar así a muchas familias a mejorar sus ingresos y abastecer el mercado local de carne en una época en la que no abundaba este producto.

La vida entonces en el pueblo tampoco era fácil, pues estaba marcada en lo económico y en lo social por estas actividades y otras como el comercio, los talleres, la hostelería o la construcción, todas estas a pequeña escala y que daban empleo a una parte de la población, ya que había un numeroso sector que era gente jornalera que no poseía tierras, ni tiendas, ni talleres, ni bares. Solo tenían sus brazos para trabajar en el campo durante las campañas agrícolas y el resto del año, cuando estas finalizaban, sufrían los duros reveses del paro y la falta de ingresos. Hay que recordar que estos jornaleros iban a buscar el trabajo a la plaza, en la popularmente conocida como La Higuerilla, en la que se daban cita a diario para conseguir un empleo para el día siguiente, siempre en precario y sin garantías de continuidad.

Decía antes que la vida en el pueblo no era sencilla, pero para mí aquello significaba un cambio muy importante en la vida, porque pasé de un sitio como la Marisma, donde no había prácticamente nada, a la casa de mis padres y en la que habíamos nacido todos los hermanos, en la calle Oviedo, hoy Diego Llorente, donde me trasladaron a vivir para ir a la escuela.

Evidentemente, Los Palacios y Villafranca, en aquel tiempo de la década del sesenta, padecía la misma situación de atraso que la mayoría de pueblos de la provincia: apenas tenía servicios públicos, la luz eléctrica sí existía en sus casas, pero predominaban las infraviviendas, el alumbrado público estaba en pocas calles y era deficiente, unas calles que, salvo dos o tres, eran de tierra sin aceras y sin alcantarillado. La basura se retiraba con un carro y un mulo, el agua corriente que venía del Sargento Mayor por gravedad escasamente llegaba a algunas casas, por lo que en todas ellas existía el clásico pozo en el corral y el agua potable la vendían por las calles Capitán, Manuel Ayala, Ponce o Julio *El Niñato*, siendo también algo común ir a las pocas fuentes públicas a las que se podía acudir a llenar cántaros de agua. A mí me mandaba mi abuela a llenar el cántaro a la fuente que estaba en el Barrio Dulce, actual calle Miguel Hernández, cargando con él hasta mi casa del Campillo, en un ejercicio que para mí resultaba agotador, como para cualquier otro niño de ocho o nueve años.

Impacto en el campo del Plan de Estabilización de 1959

Mis primeros meses de vida vinieron a coincidir con un hecho a nivel nacional que marcó el inicio de un cambio en la política económica del Régimen, que, aunque de forma muy dispar, acabó por afectar al conjunto de la población española. Me refiero a la puesta en marcha del Plan de Estabilización del año 1959.

Las dos primeras décadas de lo que los vencedores de la Guerra Civil definieron como la nueva España transcurrieron bajo el sistema de autarquía económica, debido al aislamiento internacional (que no bloqueo) impuesto al nuevo régimen por los países aliados de la Segunda Guerra Mundial, a causa de su dictadura y de la alianza de Franco con las naciones derrotadas en el conflicto: la Italia fascista de Mussolini y la Alemania nazi de Hitler.

Ese primer periodo franquista, durante el que se mantuvieron plenas relaciones con las citadas potencias fascistas hasta 1945, se distinguió por la implacable represión y la terrible hambruna de posguerra que el nuevo Gobierno español fue incapaz de neutralizar y asoló a la mayoría de la población. A esto se añadía la escasez de bienes y la alta inflación, pues una buena parte de esos bienes que España producía y necesitaba iba a parar a los ejércitos de sus dos países amigos que combatían en Europa contra los aliados.

A partir de la derrota de Italia y Alemania, que fueron los que le habían ayudado a ganar la Guerra contra la República, Franco inició un giro en su política exterior que buscaba la supervivencia de su régimen a toda costa, para lo cual se fue acercando a los aliados, principalmente a EE. UU., la gran potencia occidental y que al poco del fin de la Segunda Guerra Mundial desató un enfrentamiento con el que había sido aliado suyo contra los nazis: la Unión Soviética, con la que estableció una rivalidad de corte ideológico conocida como la Guerra Fría.

El principal argumento que los norteamericanos emplearon para justificar la Guerra Fría fue la lucha contra el comunismo, señalando a esta ideología y a todos sus defensores como el enemigo a batir, llegando incluso a preferir a los fascistas antes que a los comunistas, especialmente en el caso de los propios Estados Unidos, obviando cínicamente que los partidos comunistas fueron decisivos para la victoria contra el nazismo. Esta doctrina impuesta por el Gobierno norteamericano la asumieron los países de Europa Occidental, que pasaron de aliados a satélites de los yanquis, al igual que todos los estados en el mundo que se situaron en la órbita geopolítica de los EE. UU.

En este contexto, Franco pasó a ser el mejor socio estratégico de los estadounidenses en el sur de Europa por su política represiva contra los comunistas, sin que le importara a la nueva potencia imperial que en España hubiera una cruel dictadura.

El franquismo, haciendo alarde del servilismo más rastrero, entregó a los americanos la soberanía de España, poniendo a su disposición el suelo español que aquellos quisieran para la instalación de cuatro bases militares, en virtud del acuerdo hispano-norteamericano de 1953. A cambio, EE. UU. legitimó al régimen franquista y rompió su aislamiento internacional, apoyándolo en la entrada en organismos internacionales como la FAO, la UNESCO y la ONU en 1955. Pero aún faltaba un paso más para el blanqueamiento total de la dictadura española en el exterior: el cambio de su política económica y su alejamiento de la autarquía que habían establecido los sectores falangistas y que definió el llamado primer franquismo.

El Plan de Estabilización fue el principio del segundo franquismo, que, inspirado por los norteamericanos y los sectores liberales de Europa, significó la apertura al exterior de la economía española y su liberalización. Franco nombró a un nuevo Gobierno de tecnócratas de las filas del Opus Dei, que fijaron como objetivos del Plan la estabilización monetaria, la subida de los tipos de interés, la reducción de la inflación, la industrialización del país, la reducción de las importaciones, el aumento de las exportaciones, la devaluación de la peseta y la congelación de los salarios para incrementar la productividad. Sin ninguna reforma fiscal que obligara a los ricos a pagar más impuestos para financiar la deseada modernización de la economía española, dejando intacto su sistema político dictatorial.

En términos macroeconómicos, el Plan de Estabilización logró que la economía, que partía de cotas muy bajas, creciera por encima de la media europea, favoreció el surgimiento de una nueva clase social con estatus de pequeña o media burguesía, que se definió, según los cánones americanos, como clase media. Esta emergente clase media se convirtió en uno de los principales artífices de la nueva sociedad de consumo y en importante soporte del Régimen.

Formada por funcionarios, profesionales liberales, autónomos, comerciantes, empresarios, pequeños y medianos agricultores y empleados de las nuevas industrias, que, con sus vacaciones en la playa, sus Seat 600, sus modernos electrodomésticos o sus nuevos pisos, fueron la cara del éxito del Plan y sus reformas económicas.

Hay una serie de factores que explican los importantes cambios que se produjeron en España a raíz del citado Plan del 59, entre los que cabe destacar: los créditos del Fondo Monetario Internacional (FMI), la inversión extranjera, que se beneficiaba de los bajos costes salariales, el incipiente turismo, con su aportación de divisas y la emigración al extranjero de tres millones de trabajadores españoles que aliviaban el problema del desempleo y encima enviaban importantes remesas al país.

La combinación de estos elementos fue determinante para financiar la nueva industrialización y la modernización de la economía española. En el envés de la hoja del Plan de Estabilización, afloraban las consecuencias negativas que golpearon a millones de personas y aumentaron las desigualdades, cuyos efectos más nocivos fueron los altos costes sociales y el éxodo caótico y descontrolado a las ciudades de un alto índice de población rural. A ello se añadía el aumento de los desequilibrios regionales y despoblamiento de los pueblos, la concentración del desarrollo industrial y económico en Asturias, País Vasco, Cataluña y Madrid, la pérdida de poder adquisitivo de los sueldos —consecuencia de su congelación— y la reducción del valor de la peseta. El resultado de todo esto fue que ingentes masas de trabajadoras y trabajadores quedaron excluidas de los beneficios de este nuevo ciclo económico franquista.

Andalucía y su población rural fueron las cenicientas del ensalzado Plan, siendo relegadas a región subalterna y colonia interior, una, y productora de mano de obra barata, la otra. Se estima que cientos de miles de andaluces y andaluzas que trabajaban en el campo abandonaron esta tierra en los 60 y 70 del siglo pasado. La mayoría se dirigió a la emigración interior, fijando sus destinos en Cataluña, País Vasco y Madrid, en busca del trabajo del que aquí carecían y de los mejores salarios que en las zonas industrializadas se pagaban, pues el sueldo en la agricultura suponía el 56 % de los de la industria.

En el mundo rural y en la zona arrocera en particular, las derivaciones del Plan de Estabilización se hicieron notar, sobre todo, en tres de las medidas adoptadas en el citado Plan: el aumento de las exportaciones, la congelación de los salarios y la devaluación de la peseta.

El aumento de las exportaciones contaba con la ventaja inicial de que España poseía un sector primario, con la ganadería, la pesca, la minería o la agricultura, que la convertirían en una economía competitiva en los mercados internacionales en esos sectores, mientras se fuera consolidando su sector industrial y poder enfocarlo a la exportación. Para convertir el sector primario en competitivo había que ampliar su volumen y su productividad, unos objetivos que en esta parte del territorio andaluz se cumplirían en el terreno agrícola, fundamentalmente en la producción de cereales.

Era evidente que la Marisma disponía de un potencial enorme para el incremento de la producción de un cereal en concreto, el arroz, que además de abastecer al mercado interno con la roturación de nuevas tierras y su puesta en cultivo dejaría margen más que suficiente para exportar muchas toneladas a diferentes países europeos, incluso en condiciones más rentables para los propietarios de las tierras que para la misma Italia, principal productora de arroz de Europa. En aras a conseguir ese objetivo, en la década de los sesenta, se siguió aumentando la superficie sembrada de arroz en la Isla Menor y de forma considerable también en la Isla Mayor, llegándose a alcanzar en esos años los siete u ocho mil kilos por hectárea, aún con un bajo nivel de mecanización.

A pesar del éxodo de varios millones de habitantes de las zonas rurales hacia el extranjero o a otras partes de España que tuvo lugar en esa época, la conjunción de dos factores hizo que en la Marisma el efecto fuese en sentido opuesto. Por un lado, la continuación de la ampliación de la superficie marismeña dedicada al cultivo de arroz y la roturación de las tierras de la otra parte de la

Zona Regable del Bajo Guadalquivir, desde las pertenecientes al término de Los Palacios hasta la Tercera, en el término de Lebrija. Por el otro, la construcción de los poblados de colonización que albergarían a los nuevos colonos venidos de diferentes partes de Andalucía y la provincia de Sevilla.

En el primer caso, la extensión de las zonas dedicadas a la siembra de arroz se hizo con baja mecanización, con lo que era necesario el uso abundante de mano de obra, una circunstancia que atrajo a mucha gente de otros pueblos, que preferían seguir trabajando cerca de sus lugares de origen antes que emprender el incierto camino de la emigración a otros territorios desconocidos, a pesar de cobrar por aquí salarios más bajos. Este fue el principal motivo por el que los propietarios de las tierras arroceras retrasaron la mecanización en este sector de la agricultura. La gran disponibilidad de jornaleros, jornaleras y menores con la que contaban para producir este blanco cereal les resultaba más rentable económicamente que la inversión en máquinas y tractores para mecanizar la faena agrícola, dado que el coste de aquellos salarios tan bajos era menor que el de la citada inversión en maquinarias.

En el segundo caso, la colonización de las nuevas tierras atrajo a muchas familias, la mayoría numerosas, a esta margen izquierda del Guadalquivir, fundamentalmente al municipio de Los Palacios y Villafranca, del que solía salir un pequeño porcentaje de sus vecinos nativos a la emigración, sobre todo a las temporadas de la vendimia francesa, la remolacha y también en zonas arroceras de aquel país.

Solo una pequeña minoría marchaba a otros estados de Europa para instalarse en ellos por más tiempo, como Suiza, Alemania, Bélgica u Holanda.

Estas características definieron el impacto social y económico que el desarrollismo franquista emanado de aquel Plan de Estabilización tuvo en nuestro pueblo. Por una parte, su clase obrera del campo hubo de soportar un alto grado de explotación, precariedad y bajos salarios a cambio de seguir en su tierra con sus familias. Por la otra, con la llegada de jornaleros de otros pueblos y de los colonos que se asentaron en los poblados, Los Palacios y Villafranca aumentó su población.

Otra derivada de esta movilidad geográfica fue la ocasión que encontró el Régimen para poner en práctica una de sus apuestas ideológicas con la incorporación de los citados colonos a las nuevas tierras de labor, pues esta gente labraría las parcelas que les fueron adjudicadas a ellos mismos, inculcándoles así la idea de que eran propietarios de sus tierras. Ese sentimiento de propiedad les hacía tener miedo a perder algo, con lo que Franco logró el objetivo de que se convencieran de que les había regalado las parcelas y las casas, a pesar de que debían pagar una renta por ellas.

Otro de los deseos del dictador que se vio cumplido fue la formación de una nueva especie de clase social, la de los pequeños y medianos campesinos afectos a su régimen, que previamente habían sido seleccionados en sus pueblos de origen por su lealtad al régimen y su moral católica en la mayoría de los casos.

La existencia de colonos que trabajaban sus tierras, además de constituir una nueva categoría social con mentalidad pequeñoburguesa, que tanto gustaba a los jerarcas franquistas, sirvió de amortiguador de los choques laborales en el campo entre patronos y jornaleros, contribuyendo en muchos casos a reducir la conflictividad social, algo muy ansiado por los terratenientes y el propio Franco.

Como decía al principio, los primeros meses de mi existencia vital coincidieron con un cambio de ciclo del propio Régimen, expresado en un Plan de Estabilización que situó a España en los estándares del capitalismo occidental y supuso el comienzo del segundo franquismo, según vienen a coincidir la mayoría de los historiadores estudiosos de esta materia.

Un segundo tiempo de la Dictadura del que fui contemporáneo desde su inicio hasta su final en 1975, y que, con sus propios ritmos y dinámicas y atravesado por una serie de episodios y hechos, influyó decisivamente a la hora de forjar mi personalidad y en mi forma de ver el mundo en que nací y sus relaciones de producción.

4. Las fiestas en el pueblo de los años sesenta y el cine

En mi niñez observaba que, a diferencia de lo que había conocido como residente de dos asentamientos marismeños, en el pueblo la gente le daba una especial importancia a la diversión y a las fiestas colectivas. Cada uno de los diferentes eventos festivos estaban previamente programados siguiendo la pauta impuesta por la Iglesia Católica. Aunque la sociedad respetaba las fechas establecidas por aquella, los vecinos y vecinas priorizaban las ganas de divertirse y pasarlo bien más allá del patrocinio religioso que tuviera tal o cual festejo. La excepción era la Semana Santa, cuyo ritual de tristeza y pena la ciudadanía lo asumía con disciplina y resignación.

La feria

La feria de agosto, o como pomposamente se denominaba oficialmente: Feria y Fiestas en honor a Nuestra Señora de las Nieves, era el festejo más importante del año, lo cual, dicho sea de paso, constituía una verdadera contradicción, al celebrar una feria en el agosto de un pueblo sevillano, donde es normal alcanzar los cuarenta grados y que fuera en honor a una Virgen de las Nieves. Es como si en el Sáhara celebraran una fiesta en honor de un dios de los esquimales. Una vez hecha esta puntualización, es preciso mencionar que sus orígenes se remontan al año 1920, comenzando, como en otros pueblos, por ser una feria ganadera que después fue derivando en la feria que conocemos ahora, un lugar de encuentro y diversión de las personas.

De niño, yo la recuerdo en la calle Charco y la Plaza de España, ambas unidas, y que eran la única calle en la que se celebraban los actos festivos, donde la gente paseaba, consumía en los bares, se entretenía en los puestos de tiro con escopetas de plomo, en los de turrón o en la tómbola, buscando la momentánea felicidad de ser agraciado con el premio de una muñeca o un juego de copas o vasos de cristal.

Había una caseta del Ayuntamiento, en la que se solía poner música y tenían lugar los concursos de los mayores racimos de uva y de las mayores calabazas y sandías. En la calle cercana del Barrio Dulce, como popularmente se conocía, estaban aquellos cacharritos que tan feliz nos hacían a los niños.

Durante años, la feria del pueblo de la Plaza despertó enormes ilusiones entre la ciudadanía palaciega. Sus cuatro días de duración se vivían intensamente por toda la población, ya que en ese tiempo lo de ir de vacaciones ni se les pasaba por la mente a los vecinos de Los Palacios y Villafranca.

Hoy día, me siguen resultando gratamente emotivas las imágenes de aquellos jornaleros de la Marisma marchando eufóricos en sus bicicletas a vivir y disfrutar de cuatro días de feria que les hicieran olvidar, por ese breve espacio de tiempo, su desagradable trabajo con los pies mojados en la tabla de arroz. Eso lo observaba desde la puerta de mi casa en La Mejorada. Después, cuando me vine al pueblo, empaticé totalmente con esos trabajadores y sus caras de felicidad, al disfrutar como ellos de la feria de mi pueblo siendo un participante más.

En 1972, la feria se trasladó al nuevo recinto de El Pradillo, con mayor espacio y un nuevo formato, donde proliferaban las casetas particulares, junto a la municipal, con más calles, nuevas atracciones musicales y con más cacharritos al final del recinto. Todo este conjunto de elementos, pensados para la diversión y también para el negocio, alteró por completo la fisonomía de la feria de Los Palacios y Villafranca.

Un cambio que fue para mejor y que lo disfrutaron las generaciones posteriores.

A partir de 2005, la feria se trasladó a otro recinto, en el que sigue hasta ahora, situado frente al polígono El Muro, en el extrarradio del pueblo. Debido a las altas temperaturas, la feria se ha cambiado de fecha en dos ocasiones en los últimos años: primero, al final de agosto y, más recientemente, a finales de septiembre.

La Romería

La Romería o «la Jira» era otra de esas fiestas que yo recuerdo que prácticamente desplazaba por un día, en torno al 15 de mayo, día de San Isidro, a la mayoría de la población de Los Palacios hasta El Monte, primero, y, después, a La Corchuela. El día de la Romería era un gran acontecimiento que la gente vivía con júbilo y alegría, sentimientos que nos transmitían a los niños, a los que nos maravillaba contemplar el desfile por el pueblo, a su salida, de bonitas y coloridas carrozas engalanadas con dibujos de flores de papel, que se combinaban con las decenas de caballos, carros y charrets que conformaban un vistoso conjunto que marchaba hacia La Corchuela, pasaban el día en ella y regresaban de noche al pueblo.

El periodo previo de preparación y arreglo de las carrozas y carros servía de estrechamiento de relaciones y socialización entre las personas que participaban en ello. A principios de los setenta, la Romería se deterioró con la aparición de aquella moda de los coches de motor cortados que la afeaban y desnaturalizaban, a lo que se unió la práctica desaparición de las grandes carrozas. Afortunadamente, aquellos horrorosos artilugios de vehículos cortados fueron eliminados y la Romería recuperó con el tiempo su esplendor y colorido. Como festejo de participación popular, se sigue manteniendo, aunque muchos vecinos prefieren dirigirse a otros destinos ese día.

Las murgas

Hubo en aquel periodo de mi infancia otro evento novedoso que despertó un gran interés y expectación en mayores y niños: las murgas por las calles de Los Palacios y Villafranca.

Recuerdo que desde la óptica de los que éramos niños veíamos un grupo de doce o catorce personas vestidas iguales y que recorrían las principales calles del pueblo, con diferentes paradas en su trayecto, en las que cantaban coplas cargadas de humor e ironía, acompañados de su propia música, que ellos mismos tocaban como fondo sonoro de aquellos cantes satíricos. La vistosidad y simpatía de aquel espectáculo callejero arrastraba a cientos de personas mayores y niños, que con atención y entusiasmo escuchaban a aquellos cantores del pueblo en cada parada y los acompañaban hasta el final del itinerario.

Uno de esos cantores de las murgas era José Fernández Mayo *El Mosca*. José me ha aportado una serie de datos que yo desconocía por mi corta edad entonces y porque aquella pionera y efímera experiencia carnavalera en Los Palacios se ha ido quedando recluida en la memoria particular de sus protagonistas y de la generación contemporánea de aquella época.

Dice El Mosca que la primera vez que salió en una murga por las calles de nuestro pueblo fue el 28 de febrero de 1965, coincidiendo con la fecha habitual de los carnavales en buena parte del mundo. Pero en la España franquista tal nombre no estaba permitido, siendo sustituido por el de «fiestas populares», en las que en ningún caso se utilizarían disfraces con el rostro cubierto.

Esa murga se denominó Los Condes del Siglo XX, pero popularmente la llamaban la de El Cabrero, por ser este hombre, dotado de gran talento poético, el principal autor de las letras de las coplas. Este grupo estaba compuesto en realidad por once personas, de las que José era el más joven. Vestían un atuendo uniforme con sombrero de copa negro, con una franja roja que lo circundaba, frac negro, pantalón rojo, camisa y guantes blancos y zapatos negros. El Cabrero, por ser el maestro, iba vestido diferente.

Portaban diversos instrumentos musicales, como el tambor, los platillos, el redoblante y los pitos de caña. Su aparición, desfilando y cantando por las calles del municipio, supuso una agradable novedad que aportaba una nota de color y alegría que contrastaba con aquella sociedad de la España en blanco y negro del nacionalcatolicismo. Las letras de la murga de El Cabrero tenían un trasfondo de crítica social, sujetas a una severa censura que imponían las autoridades franquistas y la Iglesia. Todas las coplas de las diferentes murgas eran revisadas previamente por ambas instituciones, eliminando aquellos párrafos que los censores de turno consideraban ofensivas al Régimen o a la moral cristiana. No obstante, la habilidad poética del autor conseguía muchas veces burlar el filtro de la censura.

Murga del Cabrero

Otro requisito que debían cumplir los componentes de las murgas era que no tuvieran antecedentes familiares que hubieran estado vinculados a La República, en un ejercicio de fanatismo e intolerancia propios de la Dictadura. Los Condes del Siglo XX solo salieron en una ocasión, en 1965, ya que la muerte de El Cabrero, padre espiritual de la misma, puso fin a la continuidad de aquella murga, que El Mosca sitúa como la precursora del posterior carnaval palaciego que surgió a partir del fin de la Dictadura.

José colaboró después como letrista de otras murgas que aparecieron más tarde, pero fueron decayendo a los pocos años. Me recuerda con cierta nostalgia a algunos compañeros murguistas, como Antonio Fierro, Galindo o el propio Cabrero. De otras murgas menciona a Pedro *El Rubio* o a Antonio Sánchez Cid *El Rata*, prematuramente fallecido, al que yo recuerdo, aunque de forma vaga, y que tenía un gran carisma entre los vecinos de Los Palacios y Villafranca. Antonio Sánchez Cid era el líder de una comparsa llamada El Rata y su Cabila, que recorría el pueblo cantando sus coplillas con el cuerpo envuelto en sábanas blancas, en imitación de la vestimenta árabe. No exagero si digo que, en su tiempo, era la que más simpatías despertaba en el vecindario palaciego.

Murga de Antonio Sánchez Cid *El Rata*

Abundando algo más en Antonio Sánchez, su hermano Eduardo me contó que falleció siendo un chaval, poco antes de cumplir los dieciocho años. Su muerte se produjo a causa de un fuerte golpe en la cabeza que sufrió en un accidente de trabajo ocurrido en el año 1969, en un secadero de arroz perteneciente al marqués de Camponuevo, uno de los varios latifundistas que poseía una importante cantidad de tierras en la Marisma.

Tras su trágica defunción, sus padres acudieron al Sindicato Vertical en Sevilla, el único existente en la Dictadura. Allí trataron de interponer una demanda de solicitud de indemnización por la muerte de su hijo. La respuesta que recibieron de los funcionarios del Vertical, casi todos falangistas, fue decirles que a Antonio no le pertenecía ninguna indemnización por ser soltero, a pesar de haber perdido la vida en un accidente laboral. Aquellos padres fueron cruelmente vejados y, en la práctica, expulsados de las dependencias de un Sindicato Vertical que, una vez más, actuaba al servicio de los intereses de los patronos terratenientes.

Lo de Antonio Sánchez Cid fue otro caso más de un jornalero muerto en el tajo, sin ninguna protección social, sin contrato, sin papeles de ninguna clase y desprovisto de la más mínima medida de seguridad. El propietario de las tierras para el que trabajaba nunca quiso saber nada de Antonio ni de su familia, en una clara demostración del desprecio que sentía, al igual que todos los latifundistas, por la vida de un obrero.

Un desprecio que contrastaba fuertemente con la simpatía y el afecto que los vecinos y vecinas le tenían a este joven de nuestro pueblo, poseedor de un gran talento para divertir a los demás con su grupo de murguistas y que sufrió tan dramático accidente fruto de la falta de prevención por parte del latifundista.

Miles de personas contemporáneas de él siguen guardando en su memoria a Antonio *El Rata*, aquel muchacho dicharachero y desenfadado que a modo de pasacalles recorría Los Palacios con su comparsa, aportando luz, alegría y buen humor.

Me comenta El Mosca que otras murgas de aquel tiempo iban más desaliñadas, con nombres como Los Morancos o Los Niños de la Escuela. Todos estos hombres que formaban parte de las murgas eran trabajadores eventuales del campo.

Los Judas

Recuerdo otro espectáculo callejero que llamaba la atención nuestra como niños y que aglutinaba a un buen número de personas. Me refiero a lo que se conocía como «los Judas», unos muñecos de trapo que se hacían a tamaño natural de una persona y que se colocaban por diferentes puntos del pueblo.

El domingo de resurrección, una multitud se dedicaba a recorrer los sitios donde previamente se habían depositado los muñecos y, como una turba enloquecida, se lanzaban a destrozar a aquellos objetos que identificaban como el anticristo que había que destruir. Realmente era un espectáculo desagradable, en el que, inducidas por la moral católica, salían a relucir actitudes bárbaras y violentas de gentes que se transformaban en plebe embrutecida.

Durante un tiempo, las autoridades franquistas alentaron estos festejos irracionales como forma de desahogo de la ira de las masas, pero las suprimieron ante el grado de violencia y sinrazón que fue adquiriendo aquella práctica, en la que proliferaron episodios de homofobia y de ataques a transeúntes.

O de escenas como la que yo viví en mi casa, donde había dos de esos muñecos colgados desde mi balcón al de la vecina de enfrente. Un irresponsable trepó por la reja de la ventana hasta agarrarse a la reja del balcón, que con el peso que él le añadió se vino abajo. Se le cayó encima, ocasionándose a sí mismo daños considerables en las piernas y provocando un tumulto de gente huyendo por un lado y otra gente ensañada con los muñecos que se habían caído a la calle.

Menos mal que esas prácticas aberrantes ya forman parte de un mal recuerdo.

Los Reyes Magos

Allá por los años sesenta, lo de «¿qué te han echado los Reyes?» era una habitual pregunta que a los niños nos hacían los mayores, sabedores de la gran ilusión con que habíamos vivido los días previos a la celebración de la Epifanía. Las respuestas solían ser un tren de pilas, un cochecito, una pistola de juguete, un caballito de cartón o unos juegos reunidos; para las niñas, una muñeca o una cocinita de juguete; acompañados de algunos caramelos y arropías. Eran, pues, unos juguetes modestos y simples, a los que podían tener acceso la mayoría de las familias trabajadoras. Lo más sofisticado que recibían de regalo algunos niños en esa época era un scalextric de cochecitos, cuyo precio solo estaba al alcance de unas pocas familias.

Siendo muy pequeño, en mi casa del pueblo, a la que nos trasladábamos en los días de Pascua, dormía junto a mis dos hermanas y mi hermano en el soberado. Había una pequeña ventana que daba a la calle, por la cual me hicieron creer mis familiares que los Reyes Magos me dejarían mis regalos una vez que finalizaran su recorrido por diferentes calles al frente de una modesta cabalgata, con sencillas carrozas y varios caballos desde donde se repartían unos cuantos de caramelos. Mi creencia en aquellos Reyes que llegaban de Oriente fue total, al descubrir el día siguiente de la cabalgata, el 6 de enero, que en el soberado aparecieron caramelos, bastones de arropías y una pistola con cartuchera que los citados Monarcas orientales habían depositado a través de la ventana.

Me sentí el niño más feliz del mundo al encontrarme con aquellos regalos que unos personajes desconocidos y venidos de tierras lejanas habían dejado en mi modesto dormitorio. Rápidamente salí a compartir mi felicidad jugando con otros niños que también presumían de los regalos de los Reyes Magos.

Al poco tiempo, mis padres y hermanos me hicieron bajar de la nube de ilusión y fantasía en la que me había instalado al decirme que los regalos me los habían comprado mis padres, con lo que mi fe en la magia de aquellos Reyes ficticios se esfumó de golpe. A partir de entonces, cuando llegaba la fecha de Reyes, mi madre me llevaba a la tienda para comprarme los juguetes que me gustaban y que estaban al alcance de su bolsillo.

Aquellas modestas y precarias cabalgatas las recuerdo como algo emocionante e irradiadoras de ilusión para los niños en los pocos años que llegaron a salir. Después volvió a reaparecer en el año 1975 la cabalgata de los Reyes Magos en Los Palacios y Villafranca, manteniéndose su salida y recorrido por diferentes calles del pueblo todos los 5 de enero hasta hoy día.

La Semana Santa

Aunque todos los eventos a los que he hecho mención antes —como las más destacadas celebraciones colectivas de los años de mi infancia y adolescencia— tenían el patrocinio de algún personaje perteneciente al santoral católico, en la práctica resultaban ser momentos de festividad y alegría para la gente.

En contraste con todos ellos, el otro gran acontecimiento de celebración católica, la Semana Santa, era un ritual de sobriedad, de exaltación del catolicismo más exacerbado, un acto de recogimiento convertido en una especie de luto nacional al que, disciplinadamente, toda la población debía subordinarse por obligación.

La religión católica era la religión oficial del Estado franquista, a ella había que someterse y asumir sus ritos y liturgia como algo propio si no querías ser catalogado de hereje o ateo subversivo. Lo que oficialmente se llamaba la cristianización de las y los españoles era el eufemismo para camuflar un adoctrinamiento social, en el que el nacionalcatolicismo actuaba como el gran vector espiritual del Régimen.

El gran exponente del proyecto de control de las mentes y voluntades de una población que tan arraigada tenía la fe cristiana en su mayoría era la Semana Santa y su puesta en escena. En el pueblo recuerdo que se empezaba con el Domingo de Ramos, cuando desfilaba por las calles el paso de la Borriquita. A partir de ahí, la ortodoxia y el dogma se reflejaban con todo su esplendor en la vida oficial, con las vigilias que prohibían comer carne, con los rezos casi permanentes en la televisión y la radio, la proyección de películas religiosas en el cine, las omnipresentes saetas y músicas que inspiraban pena y tristeza, con las promesas a base del sufrimiento y el voluntario castigo físico para redimir los pecados.

Toda una serie de actuaciones que eran (y son) el complemento de las carreras oficiales de los diferentes pasos con sus correspondientes imágenes, evocadoras del mismo Cristo o la misma Virgen, pero con diferentes atuendos y nombres. En aquellos años, en el pueblo salían el Jueves Santo, el Viernes Santo y el Sábado Santo, todos acompañados por sus bandas de música.

No es mi intención reprochar a nadie sus creencias religiosas, pero la Dictadura aprovechó en beneficio propio, con la alianza sagrada entre el inquilino de El Pardo y la curia vaticana, la baza que le proporcionaba una población mayoritariamente creyente para reforzar su dominio y control de la sociedad.

En aquel tiempo, el ambiente asfixiante del nacionalcatolicismo lo impregnaba todo en nuestras vidas. El dicho de que «te va a castigar Dios» actuaba como un elemento atemorizante que te hacía sentir culpable de cualquier banalidad. Era plomo en las alas que te impedía la libertad de movimientos. En mi familia no se respiraba ese ambiente en esos términos, pero alguna influencia ejercía, máxime con mi abuelo paterno, Manuel Begines Mayo, cobrador de donativos y relevante devoto de la Hermandad de Nuestro Padre Jesús.

Por entonces, yo mismo era otro creyente más, influido por el sentir mayoritario de la sociedad que me rodeaba, por mis tías, hermanas de mi padre —aunque él era igual de creyente, nunca me presionó en ese sentido—, y por la enseñanza católica que recibí desde el primer día en la escuela, donde semanalmente nos visitaba un cura para soltarnos su homilía y los sábados éramos obligados a ir a misa en formación militar por las calles y conducidos por los maestros.

En ese momento, yo veía y contemplaba con gran interés los pasos con sus imágenes bajo palio, su séquito de enfervorizados fieles, sus nazarenos y esas extrañas vestimentas, que ocultaban el rostro bajo un cucurucho, algo que los visitantes extranjeros confundían con otra cosa más propia de EE. UU. Formados de manera ordenada con los cirios en ristre, eran la avanzadilla que precedía a los pasos de diferentes vírgenes y cristos, acompañados por las bandas de música uniformadas como un pequeño ejército. Una visión de conjunto que me provocaba una sensación de emoción y de extensión interior del sentido de penitencia, entendida como la aceptación paciente de esa cruz que debemos llevar para ser fieles a Cristo.

Creía a pie juntillas todo lo que la Semana Santa simbolizaba y mostraba en forma de espectáculo callejero, creía en el sacrificio de Jesucristo en la Cruz para salvarnos, en su resurrección y en la salvación de las almas.

Todo fue así hasta mi estreno como jornalero de la Marisma, a partir del cual, mi percepción de la vida empezó a cambiar. Al observar la dureza del trabajo en aquellas tierras, la desigualdad y el alto grado de explotación, transfiriendo el fruto del esfuerzo de los explotados en forma de beneficios para el dueño de la tierra, empecé a hacerme preguntas y a poner en duda toda la fantástica historia que me había contado la Iglesia Católica, de la que eran fieles devotos todos los patronos.

Nada tenía que ver la realidad que yo vivía con la versión bíblica del amor al prójimo. Lo que en realidad pretendían el Régimen nacionalcatólico, sus sacerdotes y los señores propietarios de la tierra era disponer de obreros dóciles y resignados utilizando la religión como la anestesia ideal. A partir de ahí, mi escepticismo inicial se tradujo en un descreimiento total hacia cualquier religión como método de dominio de la mente humana.

Con el paso de los años y de la mano de las autoridades políticas democráticas de diversos colores, en estrecha relación con curas y hermandades católicas, la Semana Santa se ha convertido en nuestro pueblo y en el conjunto del país en un espectáculo de masas, en una industria con total ánimo de lucro y negocio, que cuenta con un significativo número de adeptos entre la misma clase obrera, aunque su carácter elitista se ha ido reforzando con el tiempo.

Con la misma libertad y libre albedrío con que acude la gente a este evento, doy mi opinión sobre él, considerando que la Semana Santa es el mayor escenario a cielo abierto donde la hipocresía, el afán de aparentar, la doble moral y el postureo más ridículo alcanzan las más altas cotas.

Un pueblo cinéfilo

De los diferentes hechos cotidianos que tenían lugar en Los Palacios y Villafranca, convertidos en hábitos y costumbres, guardo un especial recuerdo de la repercusión social que tenía el cine entre los habitantes del pueblo.

Cine, la abreviatura de cinematógrafo, aquel aparato proyector de imágenes en movimiento que los hermanos Lumière inventaron en 1895, y que fue el origen de la poderosa e influyente industria cinematográfica que tanto impacto ha tenido desde entonces en la cultura de los pueblos del mundo y en la mentalidad de millones de personas.

Ir al cine era como un ritual, un alto porcentaje de personas adultas solían asistir dos o tres días a la semana a alguna sala a ver películas. En los tajos de la Marisma, se comentaban las diferentes sinopsis o temáticas de aquellos filmes que las trabajadoras y los trabajadores habían presenciado el día antes, acompañados de sus respectivas parejas o con los amigos, porque lo de ir al cine era un acto colectivo en la mayoría de los casos. Era frecuente ver cómo las colas para entrar en las salas estaban compuestas de varias parejas o de grupos de amigos o de amigas.

Los niños también participábamos de aquellos gratos instantes de presenciar la proyección de la película de turno. Esperábamos con ilusión el domingo por la tarde para ir «al infantil», ponernos en fila en la cola y entrar para marchar directamente al ambigú a proveernos de las chucherías que devorábamos durante la emisión de la cinta, algo que hacía más agradable aquel momento. La salida del cine se hacía en tromba, donde, como si fuera un espectáculo callejero, los niños imitaban los gestos de los actores de la película que acababan de ver, especialmente si era del Oeste o de Cantinflas, que, junto a las de romanos, solían ser las que más nos apasionaban. Aunque en las escasas películas en las que moría «el muchacho» nos invadía la tristeza al ver desaparecer a nuestro héroe.

En esa época, Los Palacios y Villafranca contaba con cuatro cines para satisfacer la importante demanda fílmica existente en la ciudadanía palaciega. Estaban los cines de verano, que solo funcionaban en esa estación del año: el Cine Alegría, situado en la Avenida de Utrera y frente al antiguo colegio de las Casas Baratas por detrás, y el Cine Aurora, junto al Husillo y al desaparecido bar El Rincón de los Lirios por delante y frente al antiguo Pozo del Pradillo en la parte trasera.

En las noches estivales, la visión de una película en aquellos recintos sin techo y al aire libre resultaba relajante después de una dura jornada de trabajo y de altas temperaturas, a pesar de sus incómodos asientos de sillas de madera.

Junto a estos cines veraniegos estaban los de invierno: el Cinema Coliseo, al lado de la antigua Plaza del Pescado, al que íbamos a las sesiones infantiles, y el Cine Las Vegas, el más grande y moderno y en el que se proyectaban los estrenos para mayores de dieciocho años y los largometrajes clásicos, que, si eran de santos y de temas bíblicos, sí dejaban entrar a los niños.

En esos espacios culturales y de entretenimiento que eran los cines, durante la Dictadura, todas las películas que se proyectaban habían pasado previamente por el filtro de una censura implacable. Muchas de las cintas que se emitían eran de rancio argumentario, puritanas y moralizantes, con clara vocación de adoctrinamiento de masas, sobre todo las españolas.

Aunque lo que predominaba eran las de Hollywood, con la manifiesta intención de difundir e inculcar la cultura y el modo de vida estadounidenses, independientemente de que en algunas de ellas se unían el arte y la buena calidad.

De los cines locales, siempre serán inolvidables para mí las imágenes de López, el acomodador con su linterna, a menudo blanco de injustas burlas en el cine Coliseo; de aquella mujer que llamaban «la Taquillera», detrás de la pequeña puertecita desde la que vendía las entradas, o del hijo de López en el cine Las Vegas de portero y acomodador, interrumpiendo a veces la sesión ante ciertas actitudes gamberras de algunos espectadores.

La figura de Emilio Agüero, transportando las cintas de las películas en la bicicleta, formaba parte del paisaje urbano. La familia Perea, a pesar de su seriedad, nos transmitía alegría con las chucherías que comprábamos en su ambigú del cine Coliseo, pues el del cine Las Vegas lo regentaba Andrés, con su hermano y la familia. Ramón Perea y Modesto fueron muchos años los que detrás de las butacas proyectaron las películas.

Para el final de este recordatorio dejo a Rafael Acosta. Popularmente conocido como *Rafael el del Cine»*, era un hombre amable, dicharachero y amistoso. Fue la *alma mater* impulsora del cine en nuestro pueblo, al que se le debe en gran parte el fomento de la afición cinematográfica de sus vecinos y vecinas.

El cine, convertido durante años en uno de los principales ocios, al que miles de personas dedicaron una parte de su tiempo libre, ha marcado de manera trascendente la vida de mucha gente en nuestro municipio.

A lo largo de su historia como espectáculo audiovisual se ha enfrentado a grandes competidores, rivalizando con la televisión, el vídeo o el ordenador personal. Con todos ellos ha logrado convivir y la producción de películas no ha cesado. Pero como sala de proyección, con asistencia colectiva de público, solo se mantiene en grandes ciudades; en pueblos como el nuestro, ya no existe ese formato.

Después de la Dictadura, el cine experimentó en nuestro país y en los pueblos un cambio que lo vigorizó, sin por ello perder su magia ni su capacidad de transmitir poliédricos mensajes. Fue el fin de una censura que impedía hasta presenciar el más simple beso en la gran pantalla, dando paso a una explosión de libertad que en ese aspecto nos homologaba a Europa. Todos los géneros cinematográficos pudieron exhibirse sin cortes, aunque en el mismo lote se incluyeron lamentables bodrios impregnados de rancia caspa machista.

Hasta la década de los ochenta, los cines del pueblo siguieron congregando en sus salas a un buen número de espectadores, pero, a partir de ahí, fueron languideciendo, iniciando un declive que inexorablemente los llevó a la desaparición. Primero fue el cine Alegría, en cuyo solar se edificaron viviendas, después el cine Aurora, cerrado en 1985 y también convertido en zona residencial. Con ellos se acabó el cine de verano en nuestra localidad.

Les siguió más tarde el cine Coliseo, arrasado por un incendio en 1979 y transformado posteriormente durante varios años en Teatro Municipal, hasta que al final de los noventa fue demolido para dar paso a un edificio de oficinas en la calle Santiago Heras. El último en cerrar sus puertas fue el cine Las Vegas, a principios del siglo XXI. Hoy es un bar debajo del edificio de viviendas que lo albergó y el patio de butacas es un aparcamiento.

Tanto por el cine Aurora, que acogió algunos eventos musicales y de cante, como por el Coliseo y Las Vegas, además de películas, por los escenarios que tenían a pie de pantalla pasaron espectáculos de variedades, actuaciones musicales, murgas y chirigotas, obras de teatro e incluso actos sociales y políticos.

En la oscarizada película *Cinema Paradiso*, gentes de diferentes generaciones de un pueblo de Sicilia se daban cita para presenciar, con tristeza y melancolía, la voladura del único e histórico cine que tenían para convertirlo en aparcamientos.

En Los Palacios y Villafranca no se dio esa situación. Los cines fueron desapareciendo sin hacer ruido, nadie se concentró delante de ninguno de los que había para darle su último adiós.

Pero varias generaciones que vivieron intensamente el cine como agradable pasatiempo en compañía de su pareja o amigos sí comparten el mismo sentimiento de nostalgia y buenos recuerdos que los protagonistas de la película italiana. Es cierto que en los últimos años se han hecho intentos de recuperar el cine en nuestro pueblo, pero no han tenido éxito. De la magia y la espectacularidad de las grandes pantallas del cine en Los Palacios y Villafranca solo se acuerdan aquellos y aquellas que lo vivieron y disfrutaron, ya fueran niños, adolescentes, adultos o de la tercera edad.

El agua de La Corchuela

1970 fue un año crucial para la vida cotidiana de prácticamente la totalidad de los habitantes del pueblo, al tener lugar un hecho tan relevante que cambió los hábitos de miles de familias: el agua potable empezó a fluir por las tuberías de las viviendas con un mínimo de fuerza. Por fin, después de tantos años sin agua corriente en la mayoría de las casas, a las que no llegaba la proveniente del Sargento Mayor, se podía abrir el grifo y disponer de agua sin necesidad de desplazarse a las escasas fuentes públicas a acopiar tan preciado líquido en cántaros o botijas.

Esta revolución de la cotidianidad fue causada por la construcción de un nuevo depósito de agua en Los Palacios y Villafranca con sistema de bombeo potente, que se alimentaba del citado líquido a través de una tubería de varios kilómetros por la que circulaba procedente de los pozos de La Corchuela.

No era un agua de calidad, pues contenía un elevado grado de dureza y de cal, era un agua gorda, como decían los vecinos y vecinas, pero en aquel momento supo a gloria, gracias a la cual la gente pudo contar con agua en sus grifos para ducharse, lavar la ropa o para sus lavabos e inodoros, poniendo fin a los malacates que existían en algunas zonas del pueblo, a las fuentes públicas de abastecimiento y al angustioso y raquítico caudal que circulaba por las vetustas tuberías de plomo de aquellas viviendas que tenían el «privilegio» de contar con algo de agua y que les llegaba por gravedad.

Con el paso de los años, el agua de La Corchuela fue empeorando a consecuencia de la contaminación de su acuífero por filtración de nitratos procedentes de la labranza de las tierras que lo rodeaban. La salubridad de dicho agua se situó bajo mínimos, siendo cada vez menos apta para el consumo humano. Al principio de los noventa fue sustituida por el agua de EMASESA y después por El Huesna, pero al menos, y a pesar de su deficiente calidad, el agua de La Corchuela había contribuido a mejorar la vida de los habitantes del pueblo.

5. Ventanas al mundo y conciencia de clase

A pesar de las dificultades y el hecho de vivir solo con mi abuela, me enriquecía vitalmente a la par que iba conociendo a mis compañeros de escuela, me relacionaba con los amigos de la calle, recibía el trato cariñoso de vecinas de mi casa como Manuela Alcolea y su familia, Amalia Diéguez, Ana la Mahora —que como si fuera mi practicante de cabecera era la que siempre me ponía las inyecciones (práctica muy habitual en la época: solía haber alguien dispuesto a hacer de improvisado practicante además de los autorizados oficialmente)—, Concha Algarín y su familia, Aurora Sotelo y su familia y todas las vecinas de la calle, que siempre me trataron muy bien y de las que guardo un grato recuerdo.

Con la enorme timidez —que nunca logré vencer del todo— y el complejo de alguien que viene de un lugar tan agreste como la Marisma y llega a otro como el pueblo, donde la gente se asocia de manera regulada y comunitaria, me fui adaptando a la nueva situación. Una situación en la que ir a las tiendas del barrio como el Molino, el Artillero o Javier Perea a comprar chucherías en la Plaza al «Tío del Carrito» a «Los Peques» o a «Choricito» y ver a tanta gente transitando a pie por las diferentes calles, ya que entonces había poquísimos coches, tuvieron el efecto en mí de ir descubriendo un mundo nuevo aunque pueda parecer algo simple.

Los siguientes años fueron un tiempo de felicidad, pues fui afianzando la relación con mis amigos y mis primos, con mi tía Catalina y mi tío Curro, cuyas casas visitaba con frecuencia. Descubrí que la escuela me gustaba y me motivaba mucho el estudio y el aprendizaje, aunque a veces me invadía la tristeza por no poder ver a mis padres y hermanos todos los días, pues ellos vivían en el campo todavía durante la campaña del arroz, si bien en las vacaciones me iba con ellos.

Los medios de comunicación y las noticias que estos iban difundiendo tenían gran impacto entre la población. En particular una televisión que se encaminaba a ser el informador de masas más influyente en ciudades y pueblos, siendo este invento revolucionario el que adentrándose en millones de hogares en España y varios cientos en el pueblo transmitió en directo uno de los grandes hitos en la carrera espacial que, a modo de competición cósmica, se libraba en pleno fragor de la Guerra Fría: la llegada del hombre a la Luna. Porque, además de la atención que se prestaba a los asuntos cotidianos de la vida local, se seguía con gran interés la actualidad nacional e internacional a través de los citados medios. Aunque sometidos a la censura, mediante la cual ofrecían una información sesgada, determinados aconteceres que se producían en el mundo concitaban tales expectativas en la población, que trascendían las mencionadas limitaciones. Un caso destacado fue ese posado del primer ser humano en nuestro satélite lunar en julio de 1969, a bordo de la nave espacial Apolo XI, un hecho transmitido, como he dicho, por esa televisión que ya formaba parte del mobiliario de muchos hogares palaciegos.

Como en mi casa aún no había televisión, mi familia y yo pudimos contemplar aquel acontecimiento histórico en casa de nuestra vecina Concha. Recuerdo bien la enorme expectación que despertó aquello entre la ciudadanía de Los Palacios y Villafranca, al igual que en el resto del país, con aquel apasionado corresponsal en Nueva York, Jesús Hermida, narrando con una emoción exagerada, más propia de un periodista americano que de un corresponsal extranjero, cada paso que daban por la superficie lunar los nuevos héroes del espacio, Neil Armstrong y Edwin Aldrin, con Michael Collins en el módulo de mando. Nombres repetidos por aquel locutor hasta la saciedad y que todo el mundo se aprendió de memoria, siendo por excelencia la noticia más difundida y comentada en aquel verano del 69 dentro del pueblo y en los diferentes trabajos, lo mismo que en el conjunto de España.

La llegada a la Luna del Apolo XI con su tripulación fue un éxito de propaganda de EE. UU., expertos en manejar publicitariamente estos asuntos y presentándose ante el mundo occidental como el gran vencedor en la carrera espacial que mantenía con su adversario de la Guerra Fría, la Unión Soviética.

El efecto que tuvo aquel acontecimiento en los niños de la época fue la de generarles la agradable ilusión de poder emular a aquellos astronautas y pisar la Luna algún día. La gesta del Programa Espacial Norteamericano de 1969 estuvo precedida de otros grandes hitos protagonizados por ciudadanos de su gran rival soviético y que en esta parte del mundo también tuvieron una cierta repercusión, aunque posteriormente fue solapada por el Apolo XI.

En octubre de 1957, la URSS lanzó el Sputnik, el primer satélite artificial que llegaba al espacio; en abril de 1961, el soviético Yuri Gagarin se convirtió en el primer hombre que a bordo de la nave Vostok consiguió llegar al espacio y orbitar la Tierra; en junio de 1963, la también cosmonauta soviética Valentina Tereshkova logró ser la primera mujer en la historia que llegó al espacio y consiguió orbitar el planeta Tierra más veces que todos los anteriores cosmonautas juntos. Personalmente, creo que unos y otros acontecimientos, que de manera extraordinaria conectaron al ser humano con el espacio sideral, fueron grandes hitos históricos que impulsaron nuevos avances en el conocimiento astrofísico de la humanidad y en la entonces incipiente revolución científico-técnica, que tan alto grado de desarrollo ha alcanzado en nuestros días. Todo esto sin obviar las razones de índole geoestratégica de ambas superpotencias en su afán por hegemonizar la conquista del espacio y el alto coste económico de sus correspondientes misiones espaciales.

Repercusión de la información de los acontecimientos nacionales e internacionales en el mundo rural

Había en aquel tiempo un gran interés por la información entre muchos trabajadores. Querían saber qué pasaba detrás del muro impuesto por la censura franquista, que solo ofrecía las noticias que interesaban al Régimen a través de *TVE*, *RNE*, la prensa afín o el *NODO*, todos difusores de una propaganda asfixiante que nada tenía que ver con la realidad que se vivía en España.

Miles de obreros escuchaban a escondidas *Radio España Independiente* y otras emisiones en onda corta desde Francia y otros países de Europa, en las que se daba cuenta de las mentiras de los medios oficiales y de la verdadera cara de aquella España de la Dictadura. Con aquellas escuchas clandestinas, en las que tenían una oreja en la radio y la otra pendiente a la puerta por si aparecía la Guardia Civil, muchos trabajadores se informaban y tomaban conciencia, iban conociendo que, en Europa, en la mayoría de países, existían las libertades democráticas de las que aquí carecían. Se enteraban de los conflictos laborales que proliferaban por diferentes puntos de la geografía nacional y de las respuestas represivas que recibían por parte de la policía. Se informaban de que en Europa había derechos sociales y laborales que aquí eran impensables, algo que corroboraban los emigrantes cuando volvían de Alemania, Francia u Holanda.

También se escuchaban con inusitado interés las noticias de onda corta en aquellos núcleos de población dispersos por ambas márgenes del río, y que a menudo sufrían las interferencias que las autoridades provocaban en las emisiones radiofónicas. Para combatir aquel aluvión de noticias que burlaban la censura y aumentaba la rebeldía de la clase obrera, el franquismo puso en marcha como cortafuegos de aquella avalancha de frescura democrática un sistema de contraprogramación para distraer la atención de unas masas que cada vez se politizaban más.

Empezó a promocionar en el *NODO* y la televisión a personajes como El Cordobés, a las folklóricas afines o a Urtain, a los que transformó en mitos, se apoderó del mundo del flamenco, convirtió al Real Madrid en el equipo del Régimen y en esencia de su particular españolidad. La tragedia familiar y personal de Eleuterio Sánchez la elevó a asunto de Estado, presentando a El Lute como enemigo público número uno, vertiendo sobre él toda clase de acusaciones tan falsas como atroces, cuando en realidad esta persona fue una víctima de aquel Régimen, al que se enfrentó con una heroica valentía. Pero como todo esto no era suficiente para domesticar completamente a la población, redobló los esfuerzos con aquellas crónicas macabras sobre crímenes que inundaban los quioscos de la mano de aquel nefasto periódico llamado *El Caso*, que en todas sus ediciones siempre incluía algo sobre El Lute. En el colmo de la manipulación, el aparato franquista se empleó a fondo en la utilización de *TVE*, la única existente entonces y puesta al servicio de la propaganda gubernamental.

Entre otros, puso en antena dos programas que, a mi modo de ver, captaron la atención de muchas personas, consiguiendo gran audiencia entre la gente humilde y que sirvieron para blanquear la Dictadura ante millones de telespectadores. El primero de esos programas se llamaba «Investigación en marcha», en el que a través de varios cortos se contaban casos de asesinatos que siempre eran resueltos por la Policía Armada o la Guardia Civil, ensalzando a estos dos cuerpos policiales a los que presentaban como nuestros infalibles defensores en la lucha contra el crimen y la delincuencia, cuando en realidad eran cuerpos represores de los ciudadanos más vulnerables o de los que se oponían al Régimen.

El otro era producto de una idea del propio Carrero Blanco, que encargó a los directivos de *TVE* que hicieran una serie de propaganda de las leyes franquistas y la moral nacionalcatólica, que se tradujo en *Crónicas de un pueblo*, más peligroso aún desde el punto de vista ideológico.

Era una serie costumbrista, en la que se mostraba la vida en un pequeño pueblo de una zona rural, muy atrasado, con gente cateta, con gorra y embrutecida, donde destacaba el alcalde, con una buena presencia que lo distinguía del resto de vecinos como alguien de clase superior a ellos. La vida en ese pueblo era monótona, con diálogos banales que se adornaban con la aparición del simpático cartero en bicicleta y con la actitud campechana, condescendiente y paternalista de aquel alcalde al que sus vecinos veneraban y con el cura moralizando a la gente según el ideal católico.

Esta serie aún tenía más audiencia que el otro programa policial y lanzaba el peligroso mensaje de que todos allí en ese pueblo vivían en armonía y eran muy felices a pesar de su pobreza, donde nadie cuestionaba la autoridad del alcalde y estaban encantados de ser sus subordinados.

He de reconocer que esta estrategia comunicativa le dio resultado al Régimen, pues yo recuerdo que en los tajos y después del trabajo mucha gente hablaba de esas cosas de manera entusiasta como modo de inhibirse de otros problemas, como el social o el laboral, a los que por miedo no se les hacía frente. Aun así, a pesar de la fuerza bruta que empleaba el Gobierno, con todos los medios a favor, en contrarrestar la influencia de la información que llegaba por onda corta, miles de personas siguieron pegando su oído a la radio, como auténtica ventana abierta al mundo exterior.

Adquiriendo conciencia de clase

La sociedad capitalista actual, con sus grandes cambios a lo largo del último siglo, al igual que la de la época del trabajo jornalero en la Marisma, sigue dividida en clases, aunque con diferentes características. En lo esencial, hay un elemento común, que es el trabajo asalariado y que las une a ambas, pues ahora, lo mismo que antes, quien tiene una empresa y contrata a alguien para trabajar lo hace a cambio de un salario porque compra su fuerza de trabajo, cuyo coste debe ser inferior al ingreso que le tiene que reportar su empresa o negocio, con el suficiente margen para que le proporcione plusvalía o ganancia como base de la acumulación de capital. Se define al primero como clase empresarial o burguesa, utilizando un término clásico, y al segundo como clase asalariada o clase obrera.

La toma de conciencia de esta realidad es lo que diferencia el pensamiento de las personas, no necesariamente el lugar que cada uno ocupe en la sociedad o en el sistema productivo, pues hay personas que siendo trabajadores a sueldo no son conscientes de esa situación y piensan y hablan igual que su patrón o se colocan en ese espacio postmoderno de vacía significancia llamado clase media aspiracional o de falsos autónomos.

Escuché una vez, hace muchos años, la mejor explicación del porqué hay obreros que defienden los mismos planteamientos que su jefe empresario. El gran profesional de la comunicación Jesús Quintero, en su programa de radio «El loco de la colina», le preguntó a un famoso político de la época: «¿Por qué piensa usted que hay obreros de derechas?», a lo que este le contestó: «Porque creen los obreros que es el patrón el que les da de comer y no al revés. Es el obrero con su trabajo el que da de comer y muy bien, por cierto, al patrón».

Sobre el terreno, en el duro trabajo en los campos de arroz, cada vez iban siendo más los jornaleros y jornaleras que se fueron concienciando de su realidad. Se empezaban a cuestionar cómo era posible que el terrateniente tuviese tantas tierras y ganase tanto dinero y que ellos que trabajaban tanto no tuvieran nada y ganaran tan míseros jornales, con lo que fueron comprendiendo así que eso es pura explotación y una injusticia.

Recuerdo en mis primeros años como jornalero escuchar conversaciones entre los trabajadores hablando de todo eso y ponían como referencia y ejemplo de lo que se debía hacer para combatir esa injusticia, a lo que muchos habían visto en una película italiana muy famosa en aquella época, titulada *Riso amaro* o *Arroz amargo* en español, protagonizada por Silvana Mangano, Vittorio Gassman y Raf Vallone.

En esta película se reflejaba el duro trabajo en el valle del río Po, en el Piamonte italiano, que realizaban las jornaleras en el arroz, porque en su mayoría eran mujeres las que desarrollaban las penosas faenas en los arrozales, dado que, como consecuencia de la Segunda Guerra Mundial, escaseaba notablemente la mano de obra masculina.

La inmensa mayoría de estas mujeres trabajaban sin contrato, en condiciones muy precarias, y las llamaban «mondinas», mostrándose en la película cómo estas se organizaron y emprendieron la lucha por conseguir que todas tuviesen un contrato y trabajasen de manera más digna, algo que lograron gracias a la huelga y a la firmeza que demostraron en su férreo combate con el patrón. Pero esa situación solo podría ser posible en aquella Italia que había derrocado a Mussolini y conquistado la libertad, el derecho a la huelga y a la actividad sindical, pero no era extrapolable a España, donde esos derechos no existían porque los tenía prohibidos el Régimen de Franco, con lo que cualquier protesta o reivindicación eran duramente reprimidas y suponían una actividad de alto riesgo que podía costar el despido o la cárcel.

6. La emigración a Europa y su influencia en el movimiento obrero español

Tras la victoria de las tropas franquistas en la Guerra Civil sobre la Segunda República en 1939, se inició en España una durísima etapa de hambre y miseria para la mayoría de la población, acompañada de una brutal represión que dejó sumidas en un estado de terror a millones de personas. En ese tiempo de posguerra, la Dictadura se mostraba implacable con sus adversarios y el ambiente social era asfixiante.

En la primera década del Régimen instaurado por Franco, el poder adquisitivo de los salarios cayó por debajo del nivel alcanzado en 1914, antes de la Primera Guerra Mundial. En cambio, el nivel real de los precios aumentó una media anual del 11,5 %, es decir, que en 1950 los precios al consumo se habían más que triplicado con respecto a 1939, mientras los salarios, fijados por el Gobierno, permanecían congelados. Tras esos ominosos años de pauperización extrema y hambruna, en los que eran frecuentes las muertes por inanición de decenas de miles de personas, se entró en la década de los 50, cuando la situación se había aliviado algo, pero de manera insuficiente, pues los salarios seguían por los suelos y la pobreza absoluta seguía presente en millones de familias trabajadoras. Un hecho que obligó a mucha gente a iniciar el segundo gran exilio del siglo XX, tras el primero provocado por la Guerra y que tenía un carácter político.

Este incipiente segundo exilio era económico y se fue dirigiendo a los países europeos más avanzados, que, aunque acababan de salir de la Segunda Guerra Mundial muy dañados, e incluso algunos devastados como Alemania, se adentraban en los albores de una rápida industrialización y recuperación económica que los obligaba a necesitar abundante mano de obra. Se dio comienzo así a la emigración de cientos de miles de españoles y españolas que marchaban a trabajar (sin papeles al principio) a Alemania, Francia, Bélgica, Suiza, Austria, Holanda o Inglaterra.

En la siguiente década, la de los sesenta, esta emigración se multiplicó, llegando a ser hasta los dos millones de personas de nuestro país las que abandonaron sus pueblos y ciudades para trabajar en Europa, unas de forma permanente y otras de manera temporal, siendo estas últimas las que marchaban, sobre todo, a Francia a realizar distintas labores durante las campañas agrícolas y regresando para seguir trabajando aquí donde podían y, generalmente, en condiciones de precariedad.

Tanto los trabajadores españoles que se instalaron en los países industriales, como los que salían al extranjero para las temporadas agrícolas, cuando venían a España, de vacaciones o por fin de sus contratos temporales, contaban sus experiencias de trabajo en las diferentes naciones europeas. Les hablaban a sus compañeros y vecinos en España de que en esos lugares tenían reconocidos unos derechos laborales que no habían visto nunca en nuestro país. Disfrutaban de un mes de vacaciones pagadas, de indemnización por despido, de una sanidad pública de calidad, de salarios con mayor poder adquisitivo, de contratos de trabajo, de mejores cotizaciones o del seguro de desempleo cuando se quedaban parados, junto a las dignas pensiones que cobraban los jubilados.

Estos derechos eran los fundamentos del llamado Estado del Bienestar Social, que se implantó en Europa occidental tras la Segunda Guerra Mundial, logrados gracias a la lucha del potente movimiento obrero europeo existente en aquellos años, que consiguió arrancar importantes concesiones a unos Estados capitalistas y a unos empresarios temerosos todos ellos de que aquellas luchas obreras derivasen en estallidos revolucionarios, siguiendo el ejemplo de la entonces prestigiosa Unión Soviética.

Los trabajadores españoles aún estaban muy lejos de alcanzar aquellos derechos en la España subdesarrollada del franquismo, pero los obreros más conscientes de las industrias o de la minería ya empezaban a organizarse en sus empresas para reivindicar mejores condiciones de trabajo y mayores salarios, aunque sufriendo muchos de ellos la consiguiente represión policial.

Aquellas luchas se iban combinando con las experiencias que los emigrantes en Europa estaban viviendo y que difundían dentro del país, pero que la censura impedía que llegara a más gente. Había otro instrumento para romper el bloqueo informativo impuesto por la censura franquista y que también ayudó a miles de hombres y mujeres de toda España a enterarse de acontecimientos que sucedían más allá de las fronteras informativas que establecía el discurso oficial del Régimen.

Me refiero a las emisiones en onda corta de *Radio España Independiente* (*La Pirenaica*, como se la nombraba popularmente), que la escuchaban clandestinamente muchos padres y abuelos de la gente de mi generación y que jugó un papel histórico en la concienciación de buena parte de la clase obrera. Del seno de esa clase obrera surgió todo un conjunto de actores protagonistas en la lucha por los derechos de los trabajadores y que tenía como aspiración referencial el Estado de Bienestar que ya existía en Europa.

Inspirado en ese modelo, se fue configurando un movimiento que iría adquiriendo un carácter reivindicador de los derechos y libertades y que comenzó a conseguir las primeras victorias obreras en plena Dictadura y a pesar de la represión.

La oleada de huelgas de 1956-59 conquistó la primera Ley de Convenios Colectivos de 1958 y preparó el camino para la implantación, en 1961, del primer sistema de Seguro de Desempleo, que, a pesar de su precariedad, permitió a los trabajadores en paro tener una cierta capacidad para poder rechazar los trabajos peor pagados. Y las huelgas de 1962 conquistaron el establecimiento, al año siguiente, del Salario Mínimo Interprofesional, además de lograr que, en 1963, la Seguridad Social se conformara como un modelo público e integrado de protección social con financiación del Estado.

Repercusión de las experiencias de la emigración en la geografía marismeña

Todas estas conquistas se empezaron a notar en diversos sectores de la economía española, pero no acababan de llegar al trabajo en el campo, en general, y a la Marisma, en particular. En ese lugar, se seguía trabajando sin contratos, con horarios abusivos, sin cotizar en la mayoría de las ocasiones, salvo aquellos obreros y obreras del campo que se sacaban la cartilla agrícola, teniendo ellos que pagar el sello para tener una atención médica todavía deficiente, pero carentes del derecho al seguro de paro, o de tener vacaciones, y al ser las cotizaciones tan bajas, los que se iban jubilando quedaban con escuálidas pensiones.

La realidad concreta de la proletarizada vida de los jornaleros y jornaleras que aún seguían residiendo durante la campaña de arroz en La Mejorada y en otras fincas cercanas continuaba siendo apurada y carente de servicios básicos elementales, como si el tiempo no pasara en parte de esos territorios. La ausencia de electricidad, de servicio médico, de saneamiento o de carreteras mínimamente transitables continuaban formando parte del día a día de aquellas familias, de las que solo una parte de ellas, que vivían en fincas como COTEMSA o Casudis, contaban con precarias escuelas y electricidad.

La emigración fue en aquellos años un fenómeno social con gran repercusión en España y que tuvo el efecto adicional de beneficiar al Régimen por la doble razón de reducir el enorme desempleo existente y por la entrada de divisas con las remesas de los emigrantes.

Contrariamente a lo que ocurrió en otros muchos pueblos andaluces, en Los Palacios y Villafranca —como ya he señalado— no tuvo nunca un impacto significativo, al ser bastante reducido el número de personas que emigraban fuera. Esto se debía, según mi propia percepción, a que, por un lado, no era nada fácil para mucha gente que nunca había salido del pueblo y con un alto grado de analfabetismo irse a un país lejano y con otra lengua. Por otro, que las características específicas del municipio, que había adquirido un notable desarrollo agrícola que lo convirtió en receptor de mano de obra de fuera y que además disponía de espacio para el empleo de mucha gente del propio pueblo, hicieron que muchos trabajadores palaciegos prefirieran quedarse aquí, aun cobrando menos y sin apenas derechos, por lo que buena parte de los que decidían salir al extranjero lo hacían temporalmente a faenas como la vendimia en Francia.

No obstante, hubo varias familias al completo que se marcharon a países como Alemania, Francia, Holanda o Suiza a trabajar durante algunos años y regresaban. Los menos se fueron con la familia a otras partes de la Península, principalmente a Cataluña. Pero la verdad es que entre todas estas variedades de emigración que se ha conocido en nuestro pueblo también nos trajeron sus propias experiencias, que ayudaron a concienciar a muchos palaciegos.

A partir de finales de los sesenta y principios de los setenta, empezaron a cambiar determinadas cosas del trabajo en el campo, donde los ecos de las primeras conquistas de derechos de los trabajadores de otros sectores —de las que he hablado antes— iban llegando allí e influyendo positivamente en la toma de conciencia de los jornaleros, algo que se fue extendiendo e impulsando la idea de estos de la necesidad de organizarse para la lucha por la conquista de sus derechos, que se fue haciendo palpable, pero de manera lenta.

La mujer trabajadora en la Marisma

Mujeres trabajando de garbera en la Marisma

Todas las personas que realizaban la insalubre labor en los arrozales, en sus diferentes faenas, eran severamente explotadas, pero la mujer jornalera hubo de soportar además la discriminación salarial y la catalogación social de que su deber era estar al servicio del varón. Este estigma lo tenían que llevar en sus hombros cada día al iniciarse la nueva jornada de su desagradable actividad.

El trabajo más agobiante que realizaban las mujeres en los arrozales era el de suministrar garbas a los plantadores. Después llegaba la escarda, que, aunque más liviana, tampoco resultaba una actividad muy seductora que digamos, pues también requería tener las ocho horas los pies mojados.

Pero los miles de mujeres que emplearon buena parte de su vida laboral en los campos de arroz eran doblemente explotadas, al tener que realizar su jornada en el campo y tener que afrontar la tarea del hogar cuando regresaban a su casa, lo mismo en el pueblo que en los núcleos de población marismeños. Allí debían de hacerse cargo del lavado de la ropa, a la limpieza y a cocinar para todos los componentes de la familia.

Ese era el rol que asignaba a la mujer aquella sociedad machista y con altas dosis de misoginia. Una actitud y un enfoque de las relaciones familiares y de pareja, que ampliamente promocionaba el Régimen con el apoyo de la Iglesia Católica, que, además de bendecir aquella sociedad patriarcal, era la autora intelectual y le escribía el guion a esa política del poder franquista. Lo hacía desde su particular moral cristiana, según la cual, la mujer debía estar subordinada al hombre.

Esta feminización de la explotación y la discriminación institucionalizada de la mujer llegaba a exponerse en toda su magnitud en el trabajo agrícola, donde por la misma actividad laboral que los hombres ellas cobraban un 50 % menos de su salario, en consonancia con aquella dictadura que avalaba esa situación de desigualdad de forma oficial.

Ana, una trabajadora del arroz que también representaba el prototipo de muchas de aquellas mujeres jornaleras, contaba que ella trabajaba de garbera, empezando a las siete de la mañana cargando en los trineos las garbas, repartiéndolas por las tablas y después acercándolas a los plantadores. Siendo esto una labor agotadora, en una jornada que para ella como mujer se alargaba al llegar al hogar y tener que atender a las faenas domésticas, con lo que se ampliaba su grado de extenuación y cansancio. Una situación que solo la notaba aliviada con el comienzo de la escarda.

Hay que recordar que las mujeres se trasladaban a sus lugares de trabajo en bicicletas, lo que suponía un desgaste de energías añadido, pues los ciclomotores eran cosa de hombres. Muchas de ellas también iban y venían en furgonetas, que, al igual que los plantadores, las conducían los mismos transportistas palaciegos que en esos años se dedicaban a llevar y traer a la gente trabajadora de la Marisma: Brenes, Manuel Sánchez *Tablilla*, *El Pescadero* o *Patarro*.

Mi primera visión de una huelga en la marisma

Como todos los días, me subí en la moto con mi padre en aquella mañana, no recuerdo el día exacto, del mes de mayo de 1972. Salimos de casa y, al llegar al conocido como bar Cable, nos encontramos con una multitud de trabajadores que prácticamente ocupaban toda la calle. Estaban en actitud casi silenciosa y pacífica. Más adelante, a la altura del bar El Mahoro, observé que estaban aparcados por lo menos dos coches de la Guardia Civil con los agentes dentro y sin intervenir para disolver aquella concentración obrera. Todo eso resultaba para mí nuevo y sorpresivo, sin que lograra entender nada. Mi padre se paró, me bajé de la moto y empecé a curiosear preguntando a la gente allí reunida qué es lo que pasaba. Unos trabajadores me indicaron que mirara para el transformador. Así lo hice y entonces empecé a entender algo: había una gran pintada que ponía (lo transcribo así porque lo recuerdo perfectamente): *POR 5000 PESETAS LA HECTÁREA DE ARROZ PLANTADO.*

Esa era la reivindicación de los trabajadores, expresada en una pintada realizada la noche antes por otros jornaleros sindicalistas que actuaban en la clandestinidad y que consiguieron burlar la vigilancia de la Guardia Civil, tanto en esa pintada como en el reparto previo de octavillas, que sirvieron para informarles de la necesidad de hacer aquel paro como medida de presión para que se les subiera el precio del trabajo de plantar arroz.

Un par de días después, los patronos arroceros aceptaron las reivindicaciones obreras y se inició la planta del arroz. Se dice que el primero que aceptó tales demandas fue un vecino de Los Palacios y Villafranca, propietario de varias decenas de hectáreas de tierras en la zona de La Primera, que, teniendo claro que perdería más si continuaba el conflicto que pagando lo que pedían los plantadores, decidió aceptar esa petición, obligando a los demás propietarios terratenientes a hacer lo mismo, porque, entre otras cosas, los salarios que pagaban, a pesar de la subida, seguían siendo una miseria para la faena a realizar.

Sin saberlo bien entonces, yo acababa de ver y participar en una huelga del campo en plena Dictadura y sin que hubiera represión. Algo que se explica por el hecho de que los dueños de las tierras, en ese momento crítico, tenían claro que la represión agravaría su situación de riesgo de perder la futura cosecha, por lo que prefirieron pagar un poco más de jornal a cambio de garantizar que el arroz se plantaría en su fecha.

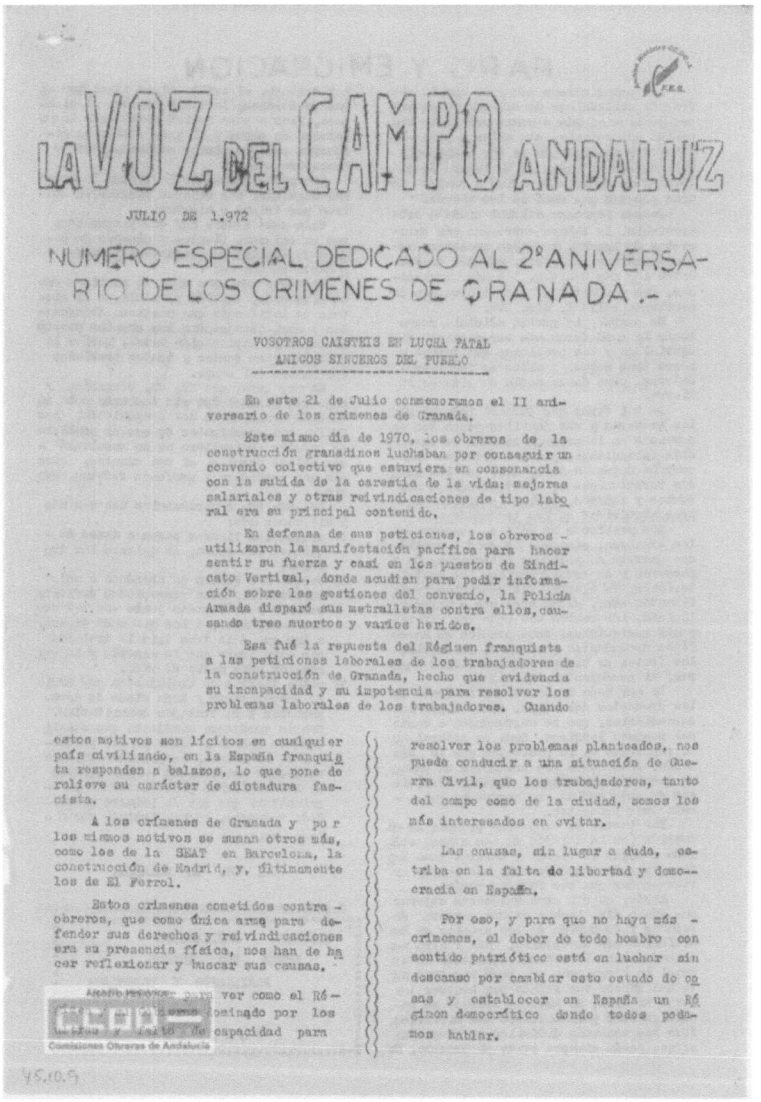

EL REGIMEN ENFRENTADO CON LA HERMANDAD DE LABRADORES Y GANADEROS.

Las conclusiones que han sacado los labradores en la 6ª Asamblea Nacional de la Hermandad de Labradores y Ganaderos, han dañado los intereses que defiende el Régimen y su Gobierno. Del tal forma, que al día siguiente de clausurada dicha asamblea, el Ministro de Agricultura en rueda de prensa, salió al paso y dijo: que el Gobierno estaba en desacuerdo con las conclusiones de la asamblea.

Son tantos los problemas de la agricultura española que no hay un solo sector que escape a la ruina, y ni promesas ni medidas coyunturales, son suficientes para cambiar la tendencia ruinosa, puesto que la cuestión es más profunda; el obstáculo principal del desarrollo y mejora de nuestra agricultura, es el Régimen franquista.

Los labradores y ganaderos así lo han comprendido y aunque mediatizado por los testaferro de la Hermandad, han conseguido que prosperen las conclusiones y puesta en práctica, cambien la tendencia de manera positiva.

Entre las conclusiones hay dos a las que el Ministro se ha referido: primera, que el Gobierno negase el paso de los productos agrícolas marroquíes por España, y segunda, evitar la contigentación del trigo.

En cuanto a la primera manifestó:"Como Ministro de Agricultura estoy convencido, que esto paso no perjudica a los agricultores españoles. Y a la segunda dijo: "Estoy en contra de evitar la contigentación del trigo", ni más argumentación ni más nada, lo dice él y se acabó. Pues nó, dicen los labradores a la política agraria del Gobierno.

Es natural que los hombres del campo no estén de acuerdo con la política agraria y lo digan en las asambleas, ya que el Régimen defiende intereses monopolistas, que explotan y espolian a los labradores, obligándolos a vender sus productos a un precio bajo y a comprar a un precio alto los productos industriales que ellos precisan.

He ahí la razón fundamental de este desacuerdo entre labradores y Gobierno.

Ahora lo importante es organizar la lucha para obligar al Gobierno a que cumpla los acuerdos de la asamblea, y si para ello es necesario hacer la Huelga como protesta nacional de los labradores, hay que hacerla, igual que la hacen las demás capas sociales españolas, y propiciar así, un cambio del sistema en beneficio de todos los españoles poniendo fin al Régimen que condena a España y a los españoles.

Comisiones Obreras de Andalucía

HUELGA en LOS PALACIOS (Sevilla)

Otra victoria más para los trabajadores arroceros.

A los trabajadores arroceros en tiempo de recolección se le exige mucho, pero se le paga poco. Ellos con su lucha han demostrado que no están dispuestos a dejarse arrastrar por los grandes latifundios que dominan esta región.

Triunfaron en abril en una huelga que duró tres días y vuelven a triunfar en la huelga de la plantación, que empezó el 2 Junio, cuando los trabajadores exigían que se lo pagaran las bases, y los patronos se negaron rotundamente, y, en ese momento empezaron a venirse las cuadrillas y a formar comandos para avisar a sus compañeros de como estaba la situación.

A varias cuadrillas le cogió con la planta arrancada, pero en la asamblea que hicieron los comandos que fueron a traerse la cuadrilla dijeron los plantadores: nosotros prometemos que cuando pongamos esta planta no arrancaremos más ni una mata, porque lo que se pide es para todos y por eso todos tenemos que luchar, ¡que nadie salga mañana! avisar a los demás. Así, fueron a la Huelga mas de mil trabajadores. Entre los pequeños campesinos hubo quién pagó lo que podían los trabajadores, pero a la noche siguiente tienen una reunión los patronos, por parte de los grandes terratenientes, no es intenta buscar la solución, lo que se intenta en esto, es de coaccionar a los pequeños campesinos, amenazándoles de que como pagaran que lo iban a hundir, aunque para esto tuvieran que gastar más dinero.

Los pequeños campesinos dieron cuenta de esta reunión a los trabajadores, diciéndoles nosotros por el momento no podemos pagarnos pero que como no se solucione pronto esta situación, nosotros pagaremos pase lo que pase, porque consideran justo las peticiones de los obreros.

En esta huelga, también se destacó el Sindicato vertical con su postura reaccionaria anti-obrera, defendiendo a los terratenientes poniéndose en contra de los obreros y campesinos, no dejándolo que se reunieran en los locales del Sindicato y no cumpliendo el convenio que ellos y los terratenientes firmaron a nuestras espaldas.

Pero los obreros agrícolas dijeron ante esta situación: nosotros no ganaremos lo que podimos, pero ellos no cogerán este año ni una espiga de arroz como no nos paguen, la cosecha se quedará en el campo. Así unidos como siempre codo a codo los trabajadores arroceros consiguieron que el día 5 se les pagara lo que querían, y todos volvieron al trabajo. Como lo han demostrado los obreros arroceros, la unidad en la huelga, es lo fundamental para conseguir la victoria.

¡Viva la unidad de los obreros y campesinos!

La huelga del arroz en la prensa obrera clandestina

·200·

Es preciso señalar que ese trabajo se hacía a destajo, se cobraba a razón de la superficie plantada —tanto plantas, tanto cobras—, sin contemplar ni siquiera el salario mínimo como garantía. Este método de trabajo, que embrutecía a los obreros, daba lugar a veces a episodios de insolidaridad con otros compañeros más cortos o con menos soltura en esa dura tarea. En más de una ocasión pude observar cómo se obligaba a abandonar a estos mediante el procedimiento de que, cuando se iba quedando rezagado, los demás trabajadores le iban dejando su calle más ancha, en un acto que para mí resultaba desagradable y humillante hacia el débil.

Aquella experiencia de la huelga tuvo en mí un impacto muy importante, que influiría en mi forma de ver las cosas y en las futuras ideas que se fueron instalando en mi mente, pues pude comprobar que, si los obreros se organizan y luchan, consiguen avanzar en la mejora de sus salarios y condiciones de trabajo. Fue esa una huelga, de la que no hablaron por supuesto los medios del Régimen, que tuvo éxito sin palos ni pelotas de goma por una situación concreta que ya he explicado. Pero eso era la excepción, porque más adelante fui sabiendo que en esas mismas fechas se desarrollaban huelgas a lo largo de todo el territorio del Estado español en las que los trabajadores iban adquiriendo conciencia y se enfrentaban valientemente a la policía y a todo el aparato represor de la Dictadura, pagando con despidos, duras penas de cárcel y a veces con la vida su atrevimiento de enfrentarse a unos empresarios explotadores que estaban protegidos por las fuerzas coercitivas de aquel funesto Régimen. Destacando entre ellas las de Ferrol —cuna del dictador—, con dos muertos a manos de la policía, y la de la comarca de Vigo, considerada como de las más grandes, en un año, el 72, en el que aquellas huelgas unían la reivindicación laboral con la lucha por el derrocamiento de la Dictadura.

En 1973, dejé de trabajar en La Mejorada porque mi padre se fue de capataz a otro lugar llamado Godó, en La Primera, un poco más cerca de Los Palacios y Villafranca, y con otro terrateniente familia de Guardiola. En ese lugar empecé a trabajar en la misma faena del cultivo de arroz.

Secadero de Godó, en La Primera Sección

Fueron momentos dolorosos en el plano familiar, sobre todo para mi padre, ya que al poco de iniciar su nuevo trabajo murió, muy joven, su hermano menor, mi tío Manuel, por el que toda la familia sentía un gran cariño. Pero la vida seguía y, como antes, me incorporé al nuevo tajo en el mes de marzo en las mismas tareas de preparar el terreno para la próxima planta, en la que sería una de las últimas temporadas de tan desagradable trabajo. En los siguientes años fue sustituido completamente por la siembra directa con la semilla sobre las tablas, primero, repartidas por tractores, en lo que se llamó siembra al voleo y, más adelante, la siembra se realizó con avionetas, práctica que dura hasta nuestros días.

Este avance de la mecanización en la Marisma, aunque eliminaba los trabajos más agotadores como la planta, expulsaba de aquella a un buen número de obreros agrícolas, para los que la única alternativa a su pérdida del trabajo que les ofrecían las autoridades franquistas era el Empleo Comunitario, creado en

1971. Esta es la descripción que hacía el sindicato de CC. OO. de este sistema:

El Empleo Comunitario está en la memoria de los pueblos asociado a decenas de jornaleros trabajando en las cunetas de las carreteras. Un trabajo colectivo con una baja rentabilidad y que servía de escarnio para los protagonistas de un indeseado trabajo, a los que se negaba la dignidad de un trabajo útil y en el que los gobernadores civiles de la época repartían fondos discrecionalmente, según el nivel de tensión reivindicativa de los pueblos.

Aquí se resume lo que en la práctica resultó aquel sistema, creado, como he dicho antes, por una orden gubernamental de enero de 1971 y cuyo espíritu era para las autoridades franquistas paliar la situación de aumento alarmante de paro en el campo. Este, según el argumentario de la citada orden, se debía a la climatología, obviando los efectos de la mecanización y otros problemas de índole estructural como la desigual distribución de la propiedad de la tierra, que históricamente venía suponiendo la principal lacra del campo español, en general, y sevillano, en particular.

El Empleo Comunitario se regía por la norma del reparto de fondos por los Gobiernos civiles provinciales según las necesidades de los pueblos, en los que se realizarían tareas de limpieza de cunetas, canales o caminos del extrarradio y algunas obras en las calles, para lo que destinó en su primer ejercicio la cantidad de doscientos cincuenta millones de pesetas, que eran totalmente insuficientes, a lo que se unían el desorden y la arbitrariedad en el reparto de los fondos entre los pueblos agrícolas.

El Empleo Comunitario se mantuvo en el campo andaluz y extremeño, con algunas reformas, hasta 1983, año en que fue sustituido por el conocido como PER y que aún pervive en nuestros días, aunque con el nombre de Plan de Fomento del Empleo Agrario. Hasta mediados de los 70, el Empleo Comunitario fue un sistema en el que todavía no ingresaba un significativo número de trabajadores de Los Palacios y Villafranca, debido a que por esos años la Marisma y las parcelas de los colonos de los poblados de colonización seguían absorbiendo un importante volumen de empleo entre los jornaleros de nuestro pueblo. Pero en la segunda mitad de la década, la tendencia sería la de un aumento progresivo e imparable del paro agrario, lo que exacerbó las tensiones y provocó un incremento de la conflictividad social y laboral en el pueblo como consecuencia de la alarmante pérdida de poder adquisitivo de los trabajadores y el agravamiento de la situación de miles de familias.

Como dije antes, en los primeros meses del 73 me incorporé a mi nuevo lugar de trabajo en La Primera Sección Regable, siendo ese año uno de los periodos que se te quedan insertos en la memoria, al ser un tiempo en el que confluyeron diversas circunstancias que ayudarían a determinar el modo de ver la vida de un adolescente como era yo y a ir moldeando mi propio pensamiento.

En enero se extendió por Los Palacios y Villafranca la noticia de que la Guardia Civil había detenido a dos de sus vecinos, Luis Báez y Máximo Luna, que junto a otros compañeros de otros pueblos se habían organizado para repartir octavillas de forma clandestina en las que se hacían duras críticas al Régimen y se clamaba por la salida de las cárceles de los compañeros que se hallaban presos. Junto a Luis y Máximo, fueron detenidos José Luis González —que después fue alcalde de Las Cabezas—, Jesús García —de Lebrija— y Manuel Pulido —de Trebujena—.

A cuatro de ellos los detuvieron el mismo día 3 de enero de 1973, permaneciendo algunos detenidos varios días. A Máximo Luna lo detuvieron el 5 y salió el 6, pero, al igual que Luis Báez, que estuvo detenido del 3 al 8, los volvieron a detener el 27, saliendo ambos en libertad provisional el 29 del mismo mes. Permanecieron los cinco en libertad provisional hasta el juicio, que se celebró en marzo del 74, en el de triste recuerdo y siniestro Tribunal de Orden Público, que les impuso unas penas absolutamente desproporcionadas en relación al delito que se les había atribuido, condenando a los cuatro primeros a dos años de prisión y diez mil pesetas de multa. Al de Trebujena, al ser menor de edad, le impusieron la pena de tres meses de arresto mayor y cinco mil pesetas de multa. Todo esto por unas octavillas que literalmente decían: «Dadas las circunstancias que el Régimen nos impone de represión violenta y terror, hacemos un llamamiento a todas las masas progresistas del país. El Régimen, incapaz de dar solución a nuestros problemas, recurre a lo poco que le queda, que es el aparato represivo compuesto por hombres sin escrúpulos que machacan, torturan y encarcelan a nuestros dirigentes. Hagamos una movilización de masas capaz de arrancar de las cárceles a todos los compañeros. Unámonos en la lucha, vivan las Comisiones Obreras».

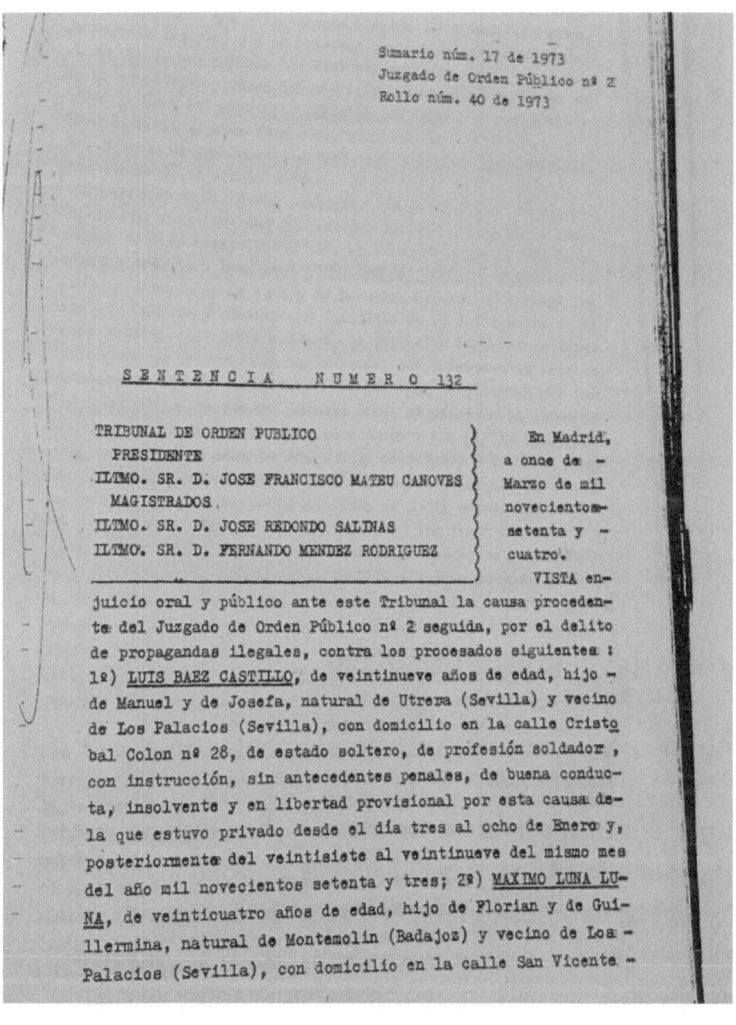

...........impuestas legalmente a todo responsable de delito, -
que lo es también civilmente, artículos 19 y 109 del Código
Sancionador y 240 de la Ley Rituaria Criminal.

VISTOS, además de los citados, los preceptos per-
tinentes del Código Penal, de la Ley de Enjuiciamiento Criminal y de la Ley de 2 de Diciembre de 1963,

Baños 3 meses) 45.000 p.

- F A L L A M O S -

· Que debemos CONDENAR Y CONDENAMOS a los procesa-
dos LUIS BAEZ CASTILLO, MAXIMO LUNA LUNA, JOSE LUIS GONZA-
LEZ RODRIGUEZ, JESUS GARCIA VIDAL y MANUEL PULIDO MATOS como responsables, en concepto de autores, de un delito de -
propagandas ilegales, sin circunstancias los cuatro primeros y con la concurrencia de la circunstancia atenuante de-
menor edad en el último, a sendas penas de DOS AÑOS DE PRI-
SION MENOR y DIEZ MIL PESETAS de multa, con el apremio personal de sufrir treinta días de arresto sustitutorio caso -
de insatisfacción, con excepción de Pulido Matos a quien se
impone la pena de TRES MESES DE ARRESTO MAYOR y CINCO MIL -
PESETAS de multa con arresto sustitutorio de dieciseis días
si no la hiciese efectiva, y al pago por quintas partes de-
las costas procesales causadas.

Sentencia condenatoria del franquista Tribunal del Orden Público a los activistas de Comisiones Obreras

El precio del compromiso social

Las duras condiciones de trabajo existentes en el campo y en la
Marisma en particular, unidas a la ausencia de posibilidades de
reclamar un mínimo de mejoras a través de un Sindicato Vertical
que daba la espalda a los trabajadores y actuaba al servicio de los
empresarios, desencadenaron a partir de la segunda mitad de los
años sesenta el surgimiento de las primeras respuestas organizadas de los obreros de la mayor parte del campo sevillano.

Articular aquellas respuestas era sin duda un ejercicio de alto riesgo bajo un sistema dictatorial que seguía mostrándose implacable ante cualquier tipo de disidencia u oposición a su *statu quo*.

Pero como siempre ha ocurrido a lo largo de la historia, ante la opresión, hubo algunas personas que daban el primer paso, a sabiendas que las represalias y la ira del poder establecido podría caer sobre ellos, cosa que sucedió a menudo durante muchos años.

En nuestro pueblo, hubo varios luchadores sociales que fueron tomando conciencia de lo injusto de aquella situación y decidieron que la única forma de cambiarla era combatir al Régimen que la propiciaba.

El grupo pionero que empezó a organizar la resistencia y a reivindicar mejoras laborales en el campo lo componían algunos veteranos republicanos que habían logrado burlar durante años la vigilancia de la Guardia Civil. Gracias a la cobertura que encontraron en una marisma en la que los controles policiales eran más relajados, contactaron con otro grupo de jóvenes jornaleros que compartían las mismas inquietudes y anhelos de libertad.

Todos merecen mi respeto y reconocimiento por su compromiso social y solidario con los oprimidos, haciendo frente de forma arriesgada a una cruel y todopoderosa Dictadura. Por ser los que sufrieron en mayor medida la represión franquista, me voy a centrar en cuatro ciudadanos, dos de Los Palacios y Villafranca y dos de fuera que se afincaron definitivamente en este municipio. Todos obreros del campo en su juventud y de otras ramas más adelante.

El Pollero

Cronológicamente, uno de los primeros fue Francisco González González *El Pollero*, que por su defensa de las libertades democráticas pagó un alto tributo personal y familiar.

Francisco González nació en el pequeño pueblo de Monda, en la provincia de Málaga. Fue oficial del ejército republicano con el grado de teniente durante la Guerra Civil. Consiguió escapar de las garras de los militares franquistas cuando estos tomaron el pueblo. Varios años estuvo ocultándose de la Guardia Civil, hasta que en 1943 emprendió la huida de Monda marchando hacia el Guadalquivir.

Una vez alcanzado este, siguió a lo largo de unas cuantas jornadas la línea de su cauce por la orilla. Al llegar a Sevilla, se desvió al sur y consiguió arribar a la finca Juan Gómez, perteneciente a la familia Urquijo, en el término de Los Palacios y Villafranca. Allí se instaló junto a su familia, trabajando en la crianza de pollos —de ahí su apodo—. En ese cortijo permaneció durante años y, según me contaron sus familiares, desde el cargo que tenía al frente de la granja ayudaba de forma solidaria a vecinos de Los Palacios que en aquella cruel posguerra de los años cuarenta y cincuenta estaban al borde de la inanición, vendiéndoles pollos con pagos a largo plazo y a los que acompañaba otros ejemplares que no cobraba y morían de forma «misteriosa».

Tras varios años en el cortijo Juan Gómez, El Pollero se trasladó a vivir con su familia a Los Palacios, donde trabajó de guarda en la zona conocida como la Casa del Palo. En el año 1966, en plena madrugada, la Guardia Civil se presentó en su casa «invitándolo a dar un paseo». Dicho paseo llegó hasta el cuartel de la Benemérita, donde recibió los primeros golpes de los guardias, para después acabar preso en la cárcel de Ranilla acusado de pertenecer a un partido ilegal, el PCE, el único que se oponía al Régimen. Tres años estuvo encerrado allí Francisco El Pollero, donde sufrió durísimas torturas para que delatase a sus compañeros, cosa que nunca consiguieron sus torturadores.

Después de diversas gestiones de un miembro de la propia familia Urquijo, dueña de Juan Gómez, que intercedió por él ante las autoridades franquistas, Francisco González fue liberado. Continuó su actividad militante en su organización política, agrupado junto a Florián Luna o Elías Benito.

Francisco González *El Pollero*, el comunista más represaliado en Los Palacios, pudo conocer la legalización de su partido en el año 1977, por el que había luchado toda su vida. Falleció en septiembre de ese año.

Los trabajadores de nuestro pueblo deben sentirse orgullosos de su legado de solidaridad, humanismo y firmeza en la defensa de unas ideas.

Elías Benito Leal

Elías Benito fue represaliado en el comienzo de la dictadura franquista, pero previamente la había combatido con todas sus fuerzas en defensa de la República, una posición que le costó sufrir duros castigos en los primeros momentos del nuevo régimen que se implantó en España.

Lo incluyo en este breve relato de luchadores destacados por eso y por ser uno de los principales precursores de aquel movimiento de resistencia que tomó cuerpo a finales de los sesenta.

Cuando Elías Benito recaló en la Marisma, en el poblado de Casudis, huyendo de la Guardia Civil en los años cuarenta, venía precedido de una serie de peripecias y avatares que parecían salidos de una película. Era natural de Casar de Cáceres, un pequeño pueblo de la provincia del mismo nombre. De allí se trasladó a Castuera, municipio de Badajoz que resistió dos años de asedio de las tropas franquistas, hasta que en 1938 estas lo ocuparon, construyendo allí un gran campo de concentración de prisioneros republicanos.

En julio de 1936, al irse conociendo en aquel pueblo las inquietantes noticias del golpe de Estado franquista, Elías Benito decidió alistarse voluntariamente al ejército de la República para hacer frente a la agresión fascista, participando en la defensa de Castuera y pasando después a combatir en la Sierra de Guadarrama. Por los méritos contraídos en el campo de batalla, llegó al grado de teniente del ejército republicano.

En los últimos días de la Guerra, en marzo de 1939, formó parte de la escolta que acompañó a varios dirigentes republicanos, entre ellos Dolores Ibárruri *Pasionaria*, hasta el puerto de Alicante para embarcar hacia el exilio. Pero Elías y sus compañeros no corrieron la misma suerte y fueron detenidos por las tropas franquistas que ya les venían pisando los talones, lo que incluso motivó que muchos republicanos prefirieran suicidarse antes de caer en manos de sus perseguidores.

Una vez hecho prisionero, Elías Benito fue internado junto a muchos de sus compañeros en el campo de concentración de Albatera, en Alicante, de donde logró escapar poniendo rumbo a Valencia con la intención de tomar un barco y exiliarse, pero fue interceptado por los militares golpistas y trasladado como prisionero a la cárcel de Bilbao. En esa prisión permaneció varios meses. Allí sufrió torturas y vejaciones de todo tipo por parte de los guardias de los llamados nacionales y los mercenarios marroquíes que actuaban como capos a su servicio y que se especializaron en los castigos más duros que se les infligían a los presos.

Oír sus alaridos y amenazas contra lo que ellos llamaban rojos era aterrador, según Elías. En un alarde de audacia y valentía, Elías Benito logró escapar también de aquella cárcel tenebrosa, dando inicio a una impresionante odisea que lo llevaría, primero, a Santander. Allí consiguió meterse de polizón en un tren de vacas lecheras que eran llevadas a Dos Hermanas.

Durante muchas horas, Elías se ocultó en el tren entre las vacas mientras se realizaba el trayecto, hasta que en la parada que se efectuó en la estación de Las Alcantarillas emprendió la fuga hacia la Marisma burlando la vigilancia de la Guardia Civil, andando por caminos inhóspitos y desconocidos por él, hasta llegar a la finca arrocera llamada Casudis, en la margen izquierda del Guadalquivir.

Allí se instaló, primero, como jornalero y, después, junto a su mujer, regentó una tienda de comestibles que compaginaba con su actividad en los arrozales. A pesar de su condición de prófugo, pudo moverse por aquella tierra con cierta facilidad, favorecido —como ya he contado— por la escasa vigilancia ejercida por la Guardia Civil y por la necesidad que tenían los terratenientes de disponer de mano de obra abundante para el trabajo en las tablas de arroz, en un territorio que se convirtió en una especie de legión de obreros, donde nadie preguntaba por el origen de los que allí arribaban.

Aun así, la Benemérita adscrita al acuartelamiento de Puebla del Río realizaba periódicas rondas por los diferentes asentamientos de la Marisma en busca de refugiados, sobre todo republicanos, de los que varios cayeron en manos de aquella Guardia Civil, fiel servidora del nuevo Régimen y de los intereses de sus aliados latifundistas.

Me contó Elías, que solía hablar mucho conmigo, dos sucesos que pudieron cambiar aquella vida discreta que llevaba en Casudis. En una ocasión, la Guardia Civil llegó a la tienda y le preguntó a él mismo si conocía a Elías Benito Leal, a lo que contestó que no, algo que se creyeron los guardias al carecer de alguna foto que lo identificara.

La segunda vez en la que se salvó fue con ocasión de la muerte de su madre en su pueblo natal, donde en el entierro lo esperaba para capturarlo la Benemérita, pero en una dolorosa y sabia decisión Elías decidió no aparecer por allí, frustrando una vez más los deseos de detenerlo de las fuerzas franquistas.

En la década de los sesenta, el protagonista de tan intrépida vida, junto a otros refugiados republicanos que hasta entonces venían siendo una especie de células durmientes, fueron tomando contacto con diferentes jóvenes jornaleros con inquietudes y buenas dosis de rebeldía, que los impulsó a organizarse y a reivindicar una serie de derechos que estaban siendo pisoteados por la Dictadura desde su inicio.

Fruto de esa acción, Elías y sus compañeros crearon al final de esos años sesenta la primera célula del PCE de Los Palacios y Villafranca, el embrión de un partido genuinamente marismeño en sus orígenes.

Elías Benito Leal murió en 1992, dejando de recuerdo y legado su abnegado esfuerzo por la construcción de una resistencia comunista organizada que tan decisiva fue en la conquista de importantes derechos sociales.

Luis Báez

Luis Báez Castillo era un joven natural de Los Palacios y Villafranca que, a muy temprana edad, empezó su vida laboral trabajando en la Marisma, en la zona de El Coto.

Allí comprobó de primera mano la brutal explotación sufrida por miles de personas en aquellas tablas de arroz, trabajando durante jornadas larguísimas y ganando bajos jornales. Aquella vida, llena de fatigas y penalidades que soportaban los de abajo, los que con su trabajo proporcionaban riqueza y beneficios a los dueños de la tierra, le abrió los ojos y su conciencia, lo que lo llevó a organizarse política y sindicalmente en los primeros años setenta.

Desde esa posición de resistente y opositor al Régimen, desarrolló junto a sus compañeros diversas actividades clandestinas de agitación y propaganda antifranquista. En una de esas acciones —como he contado—, fue detenido en enero de 1973, junto a otro compañero de Los Palacios y tres más de Las Cabezas, Trebujena y Lebrija, cuando se hallaban repartiendo octavillas en las que se reclamaban mejores condiciones de trabajo para los obreros del campo y abogaban por el fin de la Dictadura.

La Guardia Civil franquista, imperturbable en su obsesión antiobrera, los acusó de repartir propaganda de un partido (el PCE) y un sindicato (CC. OO.), ambos ilegales, lo que para las leyes de aquel Régimen constituía un delito. Lo detuvieron el día 3 y estuvo así hasta el 8 de enero, después lo volvieron a detener el 27, saliendo en libertad provisional el 29 de enero de 1973 hasta la celebración del juicio, que tuvo lugar en marzo de 1974.

En ese juicio, el entonces Tribunal de Orden Público lo condenó, junto a sus compañeros, a dos años de prisión y 10 000 pesetas de la época de multa.

Esto lo he relatado antes, pero creo que es necesario que lo destacara específicamente y de forma individual en referencia a Luis Báez.

Luis Báez no llegó a cumplir la condena. Decidió irse al País Vasco a trabajar de metalúrgico, donde aguantó sin ser descubierto por la policía hasta la promulgación de la Ley de Amnistía de 1977. Regresó al pueblo y fue elegido concejal por el PCE en las elecciones municipales de 1979. Tras ejercer de teniente de alcalde en aquel primer Gobierno local democrático, a mediados de la legislatura decidió volver a su trabajo de soldador.

Después de recorrer diferentes destinos laborales en España y en el extranjero, regresó a Los Palacios y Villafranca.

Falleció en 2015, dejándonos el recuerdo de su lucha, salpicada de vicisitudes y momentos difíciles que lo llevaron a ser un represaliado del franquismo. Como tal, y por ser un referente en la lucha por la democracia, le hago este modesto pero merecido reconocimiento al compañero Luis, con el que tuve el honor de compartir en dos ocasiones la candidatura a las elecciones municipales, en 1983 y en 1995.

Máximo Luna

Máximo Luna Luna es otro vecino de Los Palacios y Villafranca que destacó desde muy joven por su compromiso social. Perteneciente a una familia originaria de Montemolín, en la provincia de Badajoz, que se instaló en el barrio más humilde de nuestro pueblo, en El Cerro, empezó siendo un chaval a trabajar en el arroz. Allí comprobó en primera persona la dura realidad del trabajo de los jornaleros en la Marisma.

Experimentar y ver aquella miserable forma de trabajar de gente tan pobre reforzó aún más una conciencia de clase que ya había adquirido desde temprana edad, gracias al ambiente contestatario y crítico que se vivía en el seno de su familia. Su padre, Florián Luna, de ideas comunistas y republicanas, le inculcó que nunca había que doblegarse ante los abusos e injusticias cometidas por aquel Gobierno dictatorial y protector de los empresarios explotadores.

Convencido de que había que pasar a la acción y combatir aquel sistema reaccionario y represor, fue de los primeros jóvenes que se empezaron a organizar, junto a su padre y otros activistas veteranos, que aportaban la experiencia de sus luchas en el periodo de la República. Su propia casa era un punto de distribución clandestina de propaganda contraria al Gobierno franquista, que se extendía por todo el pueblo y por los tajos agrícolas, especialmente en la Marisma.

Máximo se dedicó de lleno, a partir de la segunda mitad de la década de los años sesenta, a organizar la resistencia y a la tarea de difundir las ideas democráticas entre los trabajadores y los vecinos y vecinas del municipio en general. Participó en numerosos repartos de panfletos y octavillas llamando a la lucha y a la huelga en otros casos, para ir despertando las conciencias de una clase obrera aún temerosa y estática.

Estuvo en primera línea promoviendo las huelgas de la remolacha y el arroz a principios de los setenta, asumiendo un alto riesgo y situándose en el punto de mira de la Guardia Civil.

Esta comenzó a seguir sus pasos y los de otros compañeros de CC. OO., el sindicato clandestino que habían creado y que era el verdadero defensor de los derechos de los trabajadores y fomentaba su lucha reivindicativa.

En una de esas acciones clandestinas de oposición a la Dictadura, a través del método del reparto de octavillas, a Máximo lo detuvieron en enero de 1973, junto a su compañero del pueblo, Luis Báez, y a otros tres. Al igual que los demás, Máximo Luna fue arrestado el 3 de enero y permaneció hasta el 8 detenido, pero nuevamente lo detuvieron el 27 y salió el 29 de enero de 1973 en libertad provisional, hasta la celebración del juicio.

En el siniestro Tribunal de Orden Público franquista se celebró el juicio a aquellos cinco jóvenes luchadores sindicales, entre los que estaba Máximo Luna, en marzo de 1974. Dicho tribunal dictó una sentencia condenatoria desproporcionada y en base a la aberrante acusación de repartir octavillas en las que pedían un cambio de régimen y el advenimiento de las libertades democráticas. A Máximo lo condenaron a dos años de cárcel y diez mil pesetas de multa. Meses antes se había marchado a Cataluña.

En palabras textuales suyas, me explicó: «El año que me marché del pueblo fue en 1973. No me detuvieron más. Estuve casi dos años en busca y captura porque los dos de Los Palacios no nos presentamos para cumplir la condena. Luis Báez se marchó al País Vasco y yo estaba clandestino en Barcelona. Los dos de Los Palacios estuvimos clandestinos hasta que llegó la amnistía».

Tras su marcha de Los Palacios y Villafranca, Máximo Luna se instaló en Santa Coloma de Gramanet. Allí se casó y fundó una familia, continuando su actividad militante. En las elecciones municipales de 1979 salió elegido concejal en la candidatura del PSUC, partido hermano del PCE, llegando a ser teniente de alcalde en aquella primera legislatura de los Ayuntamientos democráticos. Además de todo esto, en su haber está el hecho de ser una de las primeras personas que sembraron la fecunda semilla de la que surgió el PCE de Los Palacios y Villafranca, ese partido que tan importantísimo protagonismo ha tenido en nuestra historia local contemporánea. Hoy sigue viviendo en Cataluña, pero no pierde el contacto con su pueblo.

He aquí mi reconocimiento a Máximo Luna por ser otro palaciego represaliado del franquismo por defender a los trabajadores.

Mi reflexión personal sobre el compromiso social

A tenor de lo que he expuesto de estas cuatro personas y sus particulares circunstancias que las llevaron a sufrir las represalias del franquismo, se desprenden algunas conclusiones que creo que quien haya leído sus historias a través de mi breve relato también las habrá sacado.

En primer lugar, todos estos hombres eran obreros del campo y, salvo uno, los demás fueron jornaleros en la Marisma, el núcleo central de toda mi narrativa.

En segundo lugar, que la Marisma, todo su entorno y el contexto histórico en el que se desarrollaron las relaciones de producción ponen de relieve que allí se configuró un enorme escenario de lucha de clases, que con toda su crudeza manifestaba sus grandes contradicciones y choques de intereses entre explotadores y explotados.

En tercer lugar, y como última conclusión, es fácilmente deducible que todas las personas protagonistas a las que me he referido como luchadores sociales eran de ideas y militancia comunista.

No es el objeto de mi trabajo sobre el universo marismeño y su memoria hablar de historias partidarias, pero es imposible, si se habla de la Marisma sevillana de los años cincuenta, sesenta y setenta, no hacer mención al partido que impulsó la respuesta organizada de los jornaleros al poder opresor, después de muchos años de silencio y sometimiento por la vía del terror. Ese partido es el Partido Comunista, el único que se enfrentó a aquella dictadura y creó también el único sindicato, Comisiones Obreras, que defendió de verdad a los jornaleros en condiciones muy adversas.

Lo lógico es que aquellos jóvenes rebeldes e inconformistas se unieran a ese partido, al que sintieron como su referente y como algo propio que ellos crearon.

En el caso de Los Palacios, el Partido Comunista es una organización que hunde sus raíces en la Marisma. En ella eclosionó de la mano de aquellos jornaleros con conciencia de clase y, posteriormente, llegó a jugar un papel protagonista en la vida política de todo el municipio.

Como demócrata que soy, si los partidos de izquierda y sindicatos que tenían presencia en el pueblo en la República —Unión Republicana, Izquierda Republicana, el PSOE, la UGT o la CNT—

hubieran estado al lado de los trabajadores de la Marisma en esos años, yo se lo hubiera reconocido sin ningún problema, pero ninguno apareció ni se supo nada de ellos durante el franquismo. Así que lo que queda en la memoria es que los comunistas fueron los que dieron la cara y se sacrificaron de verdad.

Forjando mi conciencia

Con estas actuaciones, la Dictadura endurecía su represión contra los sindicalistas que luchaban contra ella, pero al mismo tiempo se le iban abriendo grietas en su hasta entonces estructura compacta, presentando los primeros síntomas de su progresiva descomposición, pues era incapaz de frenar las huelgas que pedían al unísono mejoras para los trabajadores, libertad y democracia y que se extendían por toda España.

Aquellas octavillas, que periódicamente se siguieron repartiendo de manera clandestina y arriesgadamente por aquel grupo de personas concienciadas y organizadas, hablaban de la situación política del país y de las luchas obreras que se desarrollaban en diferentes tajos, para que cundiera el ejemplo también entre los jornaleros de nuestro pueblo. Personalmente, las vi por primera vez esparcidas por el suelo de la calle Cisne y Juan de la Cierva, detrás de mi casa, donde junto a otros chavales jugábamos al fútbol en el piso aún sin asfaltar de esas calles. Me llamó la atención que eran folios a la mitad, sin nombre y con letras en mayúsculas. Cuando cogí una y la leí, empecé a sentir que lo que allí se decía sintonizaba mucho con lo que yo observaba y vivía en el día a día en la faena en la marisma y en el pueblo mismo en cuanto al trabajo en sí y las injusticias que se cometían, pero no conocía a nadie que estuviera detrás de aquello ni el significado de palabras como libertad, democracia o Régimen. Recuerdo que un amigo cogió una y yo otra, nos las llevamos a nuestras casas y al día siguiente me contó que sus padres le echaron una buena bronca y se la quitaron para romperla, en una muestra clara del miedo que seguía introducido en numerosos hogares del pueblo y de la actitud de mucha gente, que prefería estar subordinada a lo que había para no complicarse la vida. En mi casa, cuando llegué con el panfleto aquel, no me regañaron, pero mi familia, que no estaba entonces politizada (aunque a mi padre siempre le oí hablar mal de Franco porque le hizo pasar mucha hambre en la mili), me dijo solamente que, una vez leída, la hiciera desaparecer para evitar problemas con la Guardia Civil.

Aquel año, trabajando en el arroz, la curiosidad me llevó a empezar a prestar atención a las conversaciones de los jornaleros de más edad que hablaban en voz baja del 36, de la gente que mataron en el pueblo a manos de los falangistas, dando nombres de las víctimas y verdugos, de la violencia de estos últimos, relatando detalles que me impactaron y de los que no había oído hablar antes. Esas personas contaban episodios en los que los miembros de Falange sacaban por la fuerza de sus casas a vecinos palaciegos leales a la República para fusilarlos. Comentaban casos como el del alcalde Juan Hidalgo, al que secuestraron en Dos Hermanas, el de su hermano Rafael, al que capturaron en el velatorio de su madre, o la forma en que se llevaron a Antonio López Carvajal y José Valle Maestre, ambos enfermos y con fiebre. En total, cerca de cuarenta personas del pueblo fueron asesinadas por las hordas fascistas tras el golpe de Estado de 1936. Todas siguen desaparecidas, sus cuerpos se hallan en paradero desconocido.

Un hombre llamado Francisco Villarín era el que más cosas me contaba mientras arrancábamos malas hierbas en la faena de la escarda del arroz. De él aprendí mucho de lo que significó aquel periodo trágico que se inició en España tras el golpe de Estado franquista de 1936 y sus efectos dramáticos en un pueblo entonces pequeño como Villafranca y Los Palacios, que es como se llamaba en ese periodo republicano.

Mi nuevo centro de trabajo en La Primera

En aquel nuevo lugar en el que empecé a trabajar en el año 73 había un secadero de arroz llamado Godó. Allí contrataron a mi hermano Curro de mecánico y controlador. Eran instalaciones complejas de máquinas, tuberías y sistema de calefacción para el secado de dicho cereal que mi hermano conocía por su experiencia en otro secadero. Allí iban los camiones Mack de la arrocera Herba, unos vehículos viejos de los años cuarenta o cincuenta, que retiraban el producto a granel para llevarlo a la factoría de San Juan de Aznalfarache, donde se despojaba de la cáscara y dejaba el grano limpio para su posterior envasado y comercialización.

Probablemente aquel sería el último o tal vez el penúltimo año que recuerdo que se plantara a mano, pasando desde entonces las avionetas a tomar el relevo en la siembra del arroz, que, como todo cambio, generó un debate entre los propios trabajadores y entre los capataces, unos por el temor a la pérdida de empleos y los otros que discutían si esa nueva modalidad les traería menos quebraderos por no tener que tratar con tantos trabajadores o si, por el contrario, sería más problemático eso de usar avionetas, porque podría conllevar una reducción del total de la cosecha. Este asunto y sus resultados quedaron definidos con la mecanización que avanzaba inexorablemente y de la que trataré más adelante.

En lo que a mí respecta, en ese periodo las condiciones no cambiaron sustancialmente, pero en lo afectivo tenía la compensación de conocer a nuevos compañeros y el detalle agradable de ser depositario del respeto que me profesaban los otros capataces vecinos de la zona que llevaba mi padre, como Manuel Gavira, Diego *El Lebrijano*, Juan Velasco, Rafael *de la Monja*, Manuel *El Churra*, Manuel Pérez *El Boniato*, Rafael Cebollo o de vigilantes como Inocencio Benítez, a los que siempre les reconoceré el buen trato que me dispensaron. Ese es también el primer año en el que empecé a cotizar a través de la cartilla agrícola y en el que recibí una de mis mayores alegrías hasta entonces, ya que mi familia me compró mi primera motocicleta de la marca Puch y que me evitaba por fin tener que ir y venir en bicicleta después de la dura jornada laboral en las tablas de arroz.

Como he referido en anteriores pasajes de mi relato, los acontecimientos nacionales e internacionales tenían su influencia y eran seguidos con atención en el campo y en el pueblo por muchos trabajadores y vecinos en general. En ese sentido, recuerdo que al final del verano fueron llegando noticias inquietantes que marchaban en sentido contrario de lo que en España aspiraban amplias capas de la población. Me refiero al golpe militar que se produjo en Chile a manos del general Pinochet, declarado discípulo de Franco, que derrocó por la fuerza al Gobierno constitucional de Salvador Allende e instauró una feroz y violenta dictadura a imagen y semejanza de la que aquí se impuso en 1939.

En ese momento y debido a la información favorable al golpe de Chile que emitían la radio y televisiones franquistas, yo no acertaba a entender lo que aquello significaba, aunque después me aclararon otras personas mayores que por otros medios de fuera de España iban llegando noticias de las violaciones de derechos humanos que estaba cometiendo Pinochet. Y de la negativa de la selección de fútbol de la entonces URSS a jugar en el estadio Nacional de Santiago contra Chile, por considerar aquel lugar como el mayor centro de torturas y asesinatos de militantes de izquierda y demócratas en general cometidos por el nuevo régimen, entre ellos el famoso cantautor Víctor Jara.

Unido todo ello a nuevas octavillas que también llegaban a la Marisma condenando el golpe y haciendo llamamientos al pueblo y a los trabajadores para que no cayeran en la zozobra y continuaran la lucha aquí en España, esos sucesos fueron haciendo mella en mi conciencia y me ayudaron a comprender la magnitud de la tragedia que estaba viviendo Chile, la tierra de Pablo Neruda, aquel país tan lejano, pero del que nos sentíamos hermanos.

El ocaso de la dictadura y el contexto general

A nivel nacional, el año 73 se iba a despedir con otros dos acontecimientos de tal envergadura que iban a acelerar el proceso de descomposición del Régimen franquista y condicionar el futuro inmediato de este. Ambos sucesos tuvieron lugar en el mismo día, 20 de diciembre, en Madrid, y casi a la misma hora. Primero, se inició el juicio contra la dirección clandestina del sindicato Comisiones Obreras, con Marcelino Camacho al frente, que habían sido detenidos en junio de 1972 acusándolos de pertenecer a un sindicato ilegal, CC. OO., y al perseguido e igualmente ilegal Partido Comunista de España, en el conocido como proceso 1001. En el mismo, el Tribunal de Orden Público impuso durísimas condenas de más de veinte años de cárcel para la mayoría de ellos.

El otro suceso ocurrió en otra parte de Madrid y casi al mismo tiempo, como he dicho antes, del juicio de los sindicalistas. Se trató del atentado que costó la vida al presidente del Gobierno de entonces y mano derecha de Franco, Luis Carrero Blanco, cuyo coche oficial saltó por los aires por la explosión de una gran carga de dinamita colocada por ETA y que estalló al paso del vehículo, acabando con la vida de Carrero y sus escoltas. Estos dos hechos, ocurridos de forma simultánea, traspasaron nuestras fronteras y tuvieron un enorme eco en la prensa internacional, poniendo de relieve, por un lado, la dureza y agresividad de las autoridades franquistas, que actuaban a la defensiva y que volcaban todo su odio hacia el movimiento obrero y, por otro, la vulnerabilidad de su sistema de seguridad, que no pudo impedir que, con un atentado, dejaran fuera de combate al personaje llamado a suceder a Franco para continuar la Dictadura.

Todo lo que estaba ocurriendo en el mundo y en España repercutía en la vida en los pueblos y en las relaciones entre empresarios y trabajadores, tanto a nivel urbano como rural. El movimiento obrero se fue fortaleciendo con sus luchas y los patronos, que durante décadas tuvieron a su favor a los aparatos represivos del Estado franquista, empezaban a actuar a la defensiva temerosos del empuje de los trabajadores, así se iban consiguiendo avances en los salarios. En la Marisma se llegó a las 400 pesetas diarias, que resultaban insuficientes ante una inflación que en dos años pasó del 7,5 % en 1972 al 17,9 % en 1974, marcando una tendencia al alza que sería imparable, llegando al pico del 26,4 % en el año 1977.

Todo lo que se avanzaba en el salario se lo engullía la alta inflación, siendo el 74 un año difícil para los braceros de los arrozales, para los que llenar la cesta básica de la compra de entonces suponía un alto porcentaje de su sueldo. Ese año 74 transcurría en la Marisma sin grandes sobresaltos, no así en otros sectores agrícolas como el cultivo de la remolacha, donde se habían vivido momentos de conflictividad con huelgas en algunos lugares como El Torbiscal. Personalmente, en el sitio en el que trabajaba, lo más destacable es que ya se empezó a sustituir la planta a mano por la siembra aérea. Primero, la mitad de las zonas, hasta que de forma progresiva pero imparable se terminó por erradicar definitivamente la plantación manual.

A ello se unió la escarda química, con la utilización de herbicidas fumigados con avionetas, con alta toxicidad para la salud humana, pero muy eficaces para eliminar las gramas, las colas, las castañuelas y otras malas hierbas que dañaban el buen desarrollo de los piquetes de arroz. Una situación que vendría a tener unos efectos directos en la pérdida de empleo por la bajada del número de peonadas por hectárea, al ser las temporadas de crianza y cosecha más cortas y obligar a cientos de obreros del campo a buscar otros tajos en el algodón o la remolacha y a engrosar las filas de jornaleros del Empleo Comunitario, donde trabajaban dos o tres días a la semana, dependiendo de si el gobernador provincial del momento enviaba más o menos fondos al pueblo de forma discrecional y como mejor le pareciera. Algunos años antes, la mayoría de las mujeres jornaleras del arroz se habían marchado de ese duro trabajo, a las que les seguirán muchos hombres, todas y todos ellos buscando otros empleos alternativos y de lo que hablaré más adelante.

En lo que a mí respecta, tenía el pequeño privilegio de que, por ser el hijo del capataz, mi temporada de trabajo era más larga. Iniciándose en marzo y terminando a mediados de noviembre, una vez que el cereal se recogía y se habían desaguado todas las tablas, cuyas tierras disfrutarían de un pequeño barbecho hasta la siguiente primavera, en la que daba comienzo el nuevo ciclo.

Una vez que se me acababa el tajo en la Marisma, hacía igual que todos: buscarme otros trabajos, ya fuera en el algodón o en la remolacha, que esos años, junto a la recolección de naranjas, la tala de olivos o de árboles frutales, eran las faenas agrícolas que más empleo generaban en el término de Los Palacios y Villafranca y en tierras aledañas.

El panorama político y social de España en ese tiempo estaba marcado por un aumento de la conflictividad laboral en todo el país y de la violencia, tanto terrorista a manos de ETA, como por parte del Régimen, que a raíz del atentado que acabó con Carrero recrudeció su acción represiva.

Aprovechó el momento para recuperar una de sus prácticas más habituales durante los años de la Guerra, los 40 y los 50: la pena de muerte, aplicada a sus opositores, y que había bajado en intensidad durante los 60 y primeros 70. Aunque en ese periodo también hubo asesinatos y muchas torturas a cargo de la Brigada Política y Social, la policía secreta de Franco, que tras la muerte de Carrero Blanco nombró de presidente del Gobierno a uno de los elementos más reaccionarios de la Dictadura, Carlos Arias Navarro, conocido como «El carnicero de Málaga».

El franquismo necesitó vengar la muerte de su anterior presidente del Gobierno y buscó un chivo expiatorio para aterrorizar a la población y frenar así la ola de movilizaciones que lo estaba desbordando, siendo la víctima propiciatoria de esa reacción violenta Salvador Puig Antich, un joven anarquista detenido en 1973 tras un tiroteo con la policía en el que murió, en circunstancias nunca aclaradas, uno de los policías.

Este fue un hecho que le sirvió a Arias Navarro y a su jefe, Franco, de argumento ideal para condenar a muerte a Puig Antich a través del método salvaje y medieval del garrote vil, utilizado para asesinar de forma brutal a este y al ciudadano alemán Heinz Chez, acusado de matar a un Guardia Civil. Ambos fueron ejecutados el mismo día, el 12 de marzo de 1974, el primero en Barcelona y el segundo en Tarragona, siendo considerados internacionalmente como crímenes de Estado, que provocaron movilizaciones por toda Europa y la petición de clemencia del Papa Pablo VI y el canciller alemán Willy Brandt, a lo que Franco hizo caso omiso.

Aquella noticia, aunque no alteró la vida cotidiana del pueblo ni del trabajo, sí nos produjo a mucha gente una enorme sensación de tristeza e impotencia.

Frente a aquel suceso tan grave surgió en el mes de abril de ese año otro acontecimiento esperanzador e irradiador de optimismo entre una ciudadanía española tan castigada por una Dictadura que parecía interminable. Se consolidó en el vecino Portugal el fin de su dictadura, la más antigua de las dictaduras fascistas de Europa, gracias a aquel movimiento popular en favor de la democracia que encabezaron los militares más progresistas de su Ejército y que culminó en el histórico 25 de abril con el triunfo de lo que se llamó la Revolución de los Claveles, que dio paso a un nuevo sistema democrático.

En el plano familiar, lo que más angustia y preocupación nos causó fue el atropello por un coche que sufrió mi hermano Juan al atravesar la calle e intentar entrar en casa. Era el hermano más pequeño y a punto estuvo de perder la vida, resultando gravemente herido y sumiendo a la familia en un estado de consternación que, afortunadamente, se fue disipando tras la feliz recuperación después de pasar por el hospital.

A partir del verano me quedé casi solo en el trabajo, acompañado de Leopoldo Gallardo, tractorista fijo y que se dedicaba en la recolección del arroz a llevar el grano que las máquinas cosechadoras volcaban en el remolque para su traslado al secadero. Mi trabajo era en ese momento el de extender el cereal por todo el remolque para que cupiese más cantidad. Entre viaje y viaje transcurrían una o dos horas, por lo que tenía tiempo suficiente para entregarme a una de mis pasiones, que era la lectura. Para eso, lo que más a la mano tenía era el periódico monárquico del *ABC*, que lo llevaba Leopoldo todos los días en el tractor para ver, sobre todo, las noticias deportivas, ya que él era un firme aficionado al Real Madrid, al que el citado diario siempre le dedicaba varias páginas.

Aquellos meses finales del 74, *ABC* publicó en varios capítulos y en sus páginas centrales de manera gráfica y escrita el relato de la Guerra Civil del 36 al 39 en España. Lógicamente, en un diario tan comprometido con el Régimen la versión que ofrecía, fiel a su línea editorial, era claramente parcial a favor del bando vencedor de aquel conflicto armado y culpando a la otra parte de causar el estallido de la guerra. Cuando empecé a ojear aquellas páginas, provocaron en mí un interés inusitado por el tema de la Guerra Civil, pues antes no había leído nada en relación con ella y el escaso conocimiento que tenía era por los comentarios, siempre muy limitados y en voz baja, de algunas personas cuando estábamos en el tajo y de lo que me contaban en la escuela, que, dado aquel sistema educativo de la Dictadura, era una versión totalmente sesgada y dogmática.

En aquellas lecturas me fui enterando de quiénes eran los principales protagonistas de aquel enfrentamiento fratricida, tanto del bando de la República, como del bando nacional, al que el periódico siempre lo destacaba como el bueno y el salvador. Pero a pesar de eso, la narrativa no era totalmente cerrada o dogmática, por lo que dejaba abierta la posibilidad de sacar tus propias conclusiones y a cuestionarte muchas cosas, como así efectivamente me ocurrió y, conforme avanzaban los capítulos que yo iba leyendo, mayor era mi simpatía y atracción por el bando republicano, aunque aún eran unos sentimientos superficiales debido a la edad y para nada sectarios. Es decir, que leyendo a través del *ABC* la historia que publicó sobre la Guerra desde su punto de vista tan escorado hacia un lado, el bando franquista, el efecto que provocó en mí fue el contrario: me sirvió para iniciar mi acercamiento al pensamiento republicano, que se ha ido fortaleciendo con los años leyendo a otros historiadores con posterioridad.

Observando cómo ese periódico se ha convertido con los años en un difusor de bulos y tergiversaciones, tengo que reconocer que en aquellos años, sin dejar de ser un diario monárquico y franquista, el *ABC* era un poco más serio y profesional que hoy.

Aquel año, que aceleró la putrefacción del Régimen, dejó escrito otro acontecimiento a nivel nacional que no dejó indiferente a la mayoría de la gente. En el mes de julio, Franco sufrió una tromboflebitis que le obligó a dejar temporalmente la jefatura del Estado, cargo que ocupó hasta septiembre el entonces príncipe Juan Carlos de Borbón, después de jurar lealtad al Caudillo y a los principios del Movimiento, convirtiéndose así este nefasto personaje en jefe del Estado antes de ser nombrado rey por el propio Franco, durante cuarenta y tres días, hasta la reincorporación del dictador a su puesto el 12 de septiembre.

Comenzó 1975 y, coincidiendo con la extensión de las luchas sociales en toda España, se iban consiguiendo avances salariales y en algunos derechos que tienen su reflejo en la Marisma en forma de una subida del jornal hasta las quinientas pesetas diarias y la consolidación de varios complementos como los pluses de distancia y transporte, otros derechos como el aumento de las cotizaciones o las vacaciones seguían vetados en el trabajo en el campo. Allí continuó la precariedad para la inmensa mayoría de jornaleros. Solo los capataces, los jefes de cultivo y algunos mecánicos o tractoristas tenían la condición de fijos, pero tanto para unos como para otros la subida salarial resultaba insuficiente con una tasa de inflación, que, aunque se moderó ese año, situándose en el catorce por ciento, seguía reduciendo el poder adquisitivo de los salarios en la Marisma y en el campo en general. Todo esto ocurría, por supuesto, con los sindicatos obreros en la clandestinidad.

Como en años anteriores, después de sortear el invierno trabajando en la más absoluta eventualidad en el algodón un poco y en la remolacha, llegada la primavera comencé a trabajar en la nueva temporada en el arroz, con las faenas de preparación de la tierra, pero ya en ese tiempo sin la labor de arreglo de espacios para las planteras, salvo un reducido número de ellas que quedaban para la replanta de los lucios que quedaban en las tablas, tras haberse sembrado estas con el sistema de siembra aérea y que ya se había impuesto prácticamente en todas las zonas arroceras.

Aquella temporada, igual que las anteriores, duró para mí hasta finales de noviembre y en el transcurso de ella fui observando y viviendo una serie de cambios que se fueron produciendo, continuadores de otros que se habían iniciado antes, a partir del principio de esa década de los setenta del siglo pasado. En pocos años, el paisaje de la Marisma fue cambiando: aquellas imágenes de amplias masas de trabajadoras y trabajadores que poblaban las tablas de arroz se fueron transformando en espacios con menos gente, aunque también explotadas. Afortunadamente, quedaron atrás aquellos tiempos de las décadas del cincuenta y sesenta, cuando era frecuente que en las durísimas faenas de la siega a mano y en la planta también manual, cuando una cuadrilla llevaba dos o tres horas trabajando, el encargado de turno les dijera que no podían seguir por un bajo rendimiento que nunca se demostraba, con lo que abandonaban el tajo, pero lo segado o plantado por ellos se quedaba tal cual allí en la tierra. Así, el patrón se apropiaba del fruto del trabajo de aquellos jornaleros a los que generalmente no les pagaban en muchas ocasiones, al tratarse de faenas a destajo bajo el principio de tanto haces tanto te pago, pero con un rendimiento mínimo, algo que quedaba a criterio del encargado en connivencia con su patrón. Un abuso que se cometía porque siempre contaban los terratenientes con una reserva de trabajadores parias, disponibles para tomar el relevo de los que despedían y contra lo que los jornaleros no podían rebelarse so pena de ser vetados para trabajar en esa finca, o directamente ser detenidos por la Guardia Civil acusados de subversivos.

Otra panorámica que cambió fue la de aquellas carreteras llenas de gente en bicicletas. Estas acabaron desapareciendo como medio de locomoción y sustituidas por ciclomotores y algunos coches que terminaron invadiendo todas las vías de comunicación de acceso a los arrozales. Sobre las bicicletas, me contaba José Rubio Arahal *El Rerre*, que él era el principal vendedor de esas bicis a cientos de trabajadores y trabajadoras que se trasladaban en ellas y que se las vendía a plazos, a muchos de ellos, incluso pagándolas al final de la temporada de trabajo en la Marisma.

Este comerciante de Los Palacios fue, por tanto, un actor importante en el suministro de la mayoría de bicicletas Orbea y BH, que junto a los ciclomotores que posteriormente también continuó vendiendo en condiciones asequibles poblaban aquellos caminos y al que quiero hacer especial mención y reconocimiento por su contribución a que mucha gente mejorara su medio de transporte para desplazarse al trabajo y que les ofreciera facilidades para acceder a ello.

La mecanización avanzaba en la Marisma y en el campo en general, dejando a miles de jornaleros en el paro sin que el Gobierno franquista les ofreciera otras alternativas a los muchos que no habían tenido la oportunidad de encontrar otros empleos y que seguían dependiendo del trabajo agrícola, para los que el Empleo Comunitario resultaba insuficiente debido a su raquítica dotación económica. En consecuencia, la angustia y la desesperación hacían mella en miles de familias obreras de nuestro pueblo, que pasó de ser un receptor de mano de obra de fuera que absorbía la abundante demanda de trabajo existente años antes en la agricultura, a ser un municipio generador de paro, con lo que el conflicto social estaba servido. Ante semejante panorama, a los obreros no les quedaba otra que ejercer las primeras tibias protestas, con alguna modesta concentración frente al Ayuntamiento que se disolvía pronto ante la presencia de la Guardia Civil.

Aquel año 1975, como otros, tuvo sus particulares acontecimientos nacionales e internacionales que suscitaron el interés de los trabajadores y de los vecinos de Los Palacios y Villafranca en general, que ya avistaban imaginariamente en el horizonte que en España se podría producir un cambio de Régimen.

Sin duda, ese fue un año muy prometedor que despertó ilusiones dentro y fuera de España, comenzando con la declaración por parte de la ONU del Año Internacional de la Mujer, que era como un aldabonazo a la mentalidad patriarcal imperante en nuestra sociedad y que venía a reconocer el papel que habían desempeñado las defensoras de los derechos de las mujeres a la igualdad en el mundo, sobre todo de las mujeres pobres y trabajadoras.

En el mes de abril, tenía lugar otro de los hechos históricos más grandes que se recuerdan en nuestra época contemporánea: el fin de la guerra de Vietnam, que se resolvió con la unificación del país y la retirada de las tropas norteamericanas del territorio. Con ello se consumó la primera derrota militar de EE. UU., la mayor potencia del planeta, a cargo del Vietcong, aquel ejército de seguidores de Ho Chi Min, que había perfeccionado por completo el método de guerra de guerrillas ante el poderoso ocupante imperialista americano y que logró de manera épica expulsarlo de su tierra, después de que aquel ejército invasor hubiese cometido contra el pueblo vietnamita la más grande de las carnicerías desde el fin de la Segunda Guerra Mundial.

A pesar de suponer una enorme tragedia, la icónica imagen de la huida de los americanos y sus aliados survietnamitas de Saigón despertó gran interés en el mundo. En nuestro pueblo, aquello fue una noticia destacada que mucha gente comentaba y que irradió un gran optimismo entre los que se oponían al afán dominador de EE. UU. a nivel mundial.

En el mes de julio, se produjo otro hecho importante en nuestra provincia: el crimen de Los Galindos, cortijo del municipio de Paradas donde aparecieron asesinadas cinco personas de forma macabra y que a día de hoy sigue impune. Aunque este hecho cabe enmarcarlo en la crónica de sucesos, aún recuerdo la consternación y el escalofrío que nos invadió a miles de personas que no entendíamos tanta crueldad.

Mientras tanto, en España, en el plano social y económico, se aceleraba el proceso de cierre de empresas, con el despido de miles de trabajadores por todo el país, a lo que se respondió con un aumento de la movilización de estos y de la reacción represiva de la policía.

Llegó septiembre, un mes donde el Régimen se superó a sí mismo en su nivel de depravación, con la condena a muerte de once personas, de las que cinco fueron ejecutadas el 27 de ese mes, acusados de pertenecer dos de ellas a ETA y tres al FRAP, siendo estas las últimas penas de muerte que firmó un moribundo Franco como reflejo de un Régimen, el suyo, que se extinguía reprimiendo y matando.

El tramo final del año 1975 aún nos depararía otra enorme fechoría cometida por la Dictadura, como fue la traición al pueblo saharaui, protagonizada por un esperpéntico Franco y por el entonces príncipe e inminente rey, Juan Carlos de Borbón.

Como respuesta a la llamada Marcha Verde, promovida por el rey de Marruecos con la intención de apoderarse del territorio del Sáhara Occidental y en contra de lo establecido por la ONU, España entregó su hasta ese momento colonia a la dictadura marroquí y a Mauritania el 14 de noviembre, algo que se plasmó en el Acuerdo Tripartito de Madrid.

Días más tarde, la naciente monarquía hizo efectiva la vergonzosa retirada española del Sáhara, simbolizada en la humillante entrega por parte de la VII Bandera de la Legión de Smara a Marruecos el 27 de noviembre, dejando abandonados a los saharauis, que hasta ese momento eran ciudadanos españoles. Más adelante, el país alauita ocupó todo el Sáhara. Una ocupación ilegal que continúa actualmente y que siempre ha contado con la complicidad de todos los Gobiernos españoles que ha habido desde entonces, tanto del PSOE como del PP.

Poco antes, el Dictador había muerto en la cama el 20 de noviembre, algo que millones de personas llevaban mucho tiempo esperando y que celebraron aunque fuera en la intimidad. A continuación, se cumplió con el guion escrito por aquel y se nombró Rey a Juan Carlos de Borbón, al que Franco había amamantado y educado políticamente, designándolo como continuador de su Régimen.

Este escenario de sucesivos acontecimientos históricos me produjo una sensación agridulce, pues con los fusilamientos del 27 de septiembre me sumergí en un estado de tristeza y de trauma emocional y con la muerte del dictador sentí una sensación de alivio y esperanza compartido con millones de trabajadores. Aún recuerdo aquel 20 de noviembre, en plena faena de desagüe de las tablas de arroz, tras la siega y el fangueo, cuando conocimos la noticia, estábamos en la zona que llevaba Manuel Gavira junto a la de mi padre en Godó. Me acompañaban Hilario García, un tío suyo y otros trabajadores. En un gesto compartido nos alegramos, pero éramos conscientes de las dificultades que había frente a nosotros para que se abriera paso en España el sistema democrático que tanto anhelábamos.

7. Inicio de la Transición. Pervivencia del franquismo sin Franco

A comienzos de 1976, me encontraba trabajando en la entresaca y escarda de la remolacha en una finca situada alrededor del Arenoso, antiguo campo de concentración y reclusión de presos republicanos, que, como mano de obra esclava, el franquismo los había empleado en la construcción del Canal de los Presos que pasaba junto a él y regaba aquellas tierras. Allí permanecí hasta el final de febrero teniendo de encargado a *Pepe Bohíga*, amigo de mi padre. A continuación, me incorporé al trabajo en la Marisma en La Primera, donde él seguía de capataz.

Sobre el Canal de los Presos

Quiero hacer un alto y pararme en destacar la importancia histórica del antes citado Canal de los Presos y del campo de concentración El Arenoso, situado en el límite del término municipal de Los Palacios y Villafranca, pero perteneciente a Dos Hermanas.

A principios de 1974, fui a trabajar a esta finca del mismo nombre en la labor de la entresaca y escarda de la remolacha, cultivo principal de la misma.

El antiguo campo de concentración, que yo vi por primera vez en ese año, mantenía toda su construcción externa e interna casi en su estado original, aunque había sido reconvertido por el nuevo dueño del mismo y de toda la finca en una especie de hacienda donde se guardaban los aperos y las máquinas de labranza. Allí vivía la familia de Pepe, el encargado amigo de mi padre, en una parte adecuada como vivienda. En su interior, el patio seguía siendo el mismo. A su alrededor estaban las diferentes dependencias que sirvieron de pabellones para los presos, para los guardianes, para los materiales, para los mulos, para la cocina y para la escasa maquinaria existente en aquellos años, además de la capilla para las misas de los domingos.

Antiguo campo de concentración del Arenoso, también llamado Campamento, hoy convertido en un lugar de eventos

En ese tiempo, yo no tenía ni idea del origen de aquel recinto cerrado por unas tapias en todo su perímetro, ni de la actividad que se desarrollaba en su interior, ni por qué se había construdo ahí. Algo similar me ocurría con ese canal de hormigón, soportado en casi todo el tramo más próximo al conocido como «Campamento», sobre grandes arcos también de hormigón, que lo transformaban en un acueducto al salvar con semejante estructura el desnivel del terreno.

Acueducto a su paso por la zona del Arenoso

Cierto día, escuché un tímido comentario entre unos trabajadores con los que yo compartía el mismo tajo, que hablaban del «Campamento» —así lo llamaban— como un lugar donde encerraban a los presos que trabajaban en el canal aledaño, un asunto tabú del que apenas se decía nada. Más adelante, mi curiosidad y ganas de saber me ayudaron a superar ese tabú, informándome por diversas fuentes que el citado canal, oficialmente llamado del Bajo Guadalquivir, formaba parte de un proyecto hidráulico de gran envergadura que tenía la finalidad de regar varios miles de hectáreas de una extensa franja de tierra paralela al río Guadalquivir. Este proyecto, que había visto la luz en primera instancia en el siglo XIX, se concretó como Plan de regadío durante la

Segunda República y se ejecutó por el nuevo régimen fascista surgido en 1939.

A poco de hacerse con el poder, el franquismo revisó el Plan a conveniencia de los terratenientes que lo habían apoyado en su golpe militar de 1936, ofreciéndoles este apetecible botín de guerra en forma de canal de riego, que, entre otras, bañaría las tierras de secano de los siete grandes latifundistas propietarios de la mitad de las hectáreas regables de tan magno proyecto, con lo que el valor de sus propiedades se multiplicó una vez concluidas las obras.

El proyecto estuvo concebido desde el principio para ser financiado por el Estado y por los propietarios de los terrenos, principales beneficiarios del Plan. Una idea que no despertó ningún entusiasmo entre ellos, dilatando al máximo su teórica aportación económica, justo hasta el momento de finalizar la Guerra, ocasión que aprovecharon para obtener del nuevo Régimen la utilización de mano de obra esclava, con el empleo de miles de presos republicanos que abarrotaban cárceles y campos de concentración, con lo que prácticamente los terratenientes se ahorraban su participación en la financiación de las obras.

Para dar cuerpo a la práctica esclavizadora en la construcción del Canal, Franco y Queipo de Llano impusieron la instalación de varios campos de concentración dispersos a lo largo de la línea que seguía el Canal y próximos al mismo, para concentrar en ellos a los presos que trabajaban de sol a sol en las obras.

El primer campo de concentración fue el de La Corchuela, después lo siguió el de Los Merinales y el tercero de ellos era El Arenoso. Todos en el término de Dos Hermanas, pero cercanos a Los Palacios y Villafranca, especialmente este último, que se sitúa en el límite de nuestro término y con el que más familiarizados estaban nuestros vecinos. Debido a su cercanía, los familiares de un importante grupo de presos se instalaron en nuestro municipio para estar más cerca de sus seres queridos y poderlos ayudar. A medida que los prisioneros iban siendo liberados, se asentaron en el pueblo con sus familias, gracias a los cuales y a los testimonios que ofrecían se pudo conocer por mucha gente sus escalofriantes experiencias de esclavos en España en el siglo XX.

El plan inicial de los gobernantes fascistas consistía en meter a diez mil hombres en esos campos de concentración, gestionados por un organismo franquista llamado Sistema de Colonias Penitenciarias Militarizadas, que era el que custodiaba los campos con el ejército y organizaba el trabajo de los presos. La labor inhumana que realizaban aquellas personas era a pico y pala, con la ayuda de los mulos para la carga de materiales, en jornadas que se prolongaban hasta el final de la luz solar, con una escasa y mala comida que los mantenía malnutridos, y con una falta de higiene que los hacía proclives a contraer enfermedades como el paludismo, el tifus o la tuberculosis. Unas enfermedades que ocasionaban la muerte de muchos de ellos, en la mayoría de los casos por falta de una atención médica que les era negada por sus verdugos carceleros. La convivencia con pulgas, garrapatas, chinches y piojos era algo habitual. Para completar el cuadro de los horrores, estos trabajadores esclavos tenían que soportar la humillante obligación, impuesta por los fascistas, de cantar formados en el patio el tétrico himno del *Cara al sol* falangista. Los domingos eran obligados a escuchar la misa que impartía el cura militar de turno y a arrodillarse frente a la imprescindible capilla católica, presente en todos los campos de reclusión.

A este ensañamiento de unos vencedores nacionalcatólicos con unos vencidos republicanos y no creyentes la mayoría de ellos se unía el criminal método de apropiación de su fuerza de trabajo mediante la asignación de dos pesetas de salario por día (en las demás empresas que empleaban a trabajadores no presos se pagaban en ese tiempo diez pesetas diarias). De esas dos pesetas, el SCPM les descontaba 1,5 pesetas por manutención, convirtiendo así su trabajo en mano de obra gratis, de lo que se beneficiaban conjuntamente el Estado franquista, sus aliados terratenientes y el *lobby* de empresas constructoras. Varias de estas empresas, estrechamente vinculadas al franquismo, han seguido aprovechándose del poder y privilegios que este les otorgó, a lo largo del todo el periodo monárquico. Aunque con otros nombres, son las principales adjudicatarias de las grandes obras públicas del país y piezas imprescindibles en el engranaje de la corrupción política y económica en España, un sistema de robo de dinero público diseñado conjuntamente por unas élites oligárquicas corruptoras y unos gobernantes del bipartidismo corruptos. En las obras del Canal, participaron como auténticas esclavistas Entrecanales y Távora —hoy Acciona—, Dragados —hoy ACS—, HUARTE —hoy OHL— o Agromán.

El Canal de los Presos se empezó en 1940 y se concluyó en 1962. A partir de ahí regaría, desde su nacimiento en Peñaflor hasta su final en Lebrija, y a lo largo de sus más de ciento cincuenta kilómetros de longitud, una superficie de ochenta mil hectáreas sembradas con el paso de los años de una variedad de productos agrícolas que van desde el algodón hasta la remolacha, pasando por el arroz, otros cereales, cultivos de invernaderos o árboles frutales, entre otros.

Una obra faraónica ejecutada de manera esclavizante e inhumana, una práctica que se mantuvo hasta bien entrados los años cincuenta, en los que seguían existiendo obreros presos, aunque compartiendo la faena con trabajadores asalariados. Este grupo se fue ampliando con la incorporación de los presos que cumplían las largas condenas que les impusieron por defender la legalidad republicana y que se quedaban a trabajar en el Canal para poder cobrar al fin un salario. A estos se los llamó «libertos», igual que en la antigua Roma, quedándose muchos de ellos definitivamente en Los Palacios y Villafranca.

Miles y miles de trabajadores apresados por su compromiso con la República, de Andalucía, de Extremadura y de casi todas las provincias de España, fueron vilmente explotados y deshumanizados. Sometidos a la disciplina militar, privados de poder abrazar a sus familiares o humillados por defender su dignidad y rebelarse ante la crueldad de un Régimen tiránico como el de Franco. Ellos sufrieron aquella realidad distópica, antiidílica y alienante. Con su tragedia humana, hicieron posible que el agua transformara millones de metros cuadrados de secos y ociosos baldíos en tierra fértil y productiva, de lo que se aprovecharon unos latifundistas avariciosos y sin escrúpulos, un ruin Gobierno que servía los intereses económicos de los primeros y, de camino también, las nuevas parcelas de colonización en nuestro término municipal de Los Palacios y Villafranca.

La lucha de las asociaciones por la recuperación de la memoria histórica consiguió que al Canal del Bajo Guadalquivir se le cambiara el nombre por la justa denominación de Canal de los Presos, en recuerdo y homenaje de los que tantas penalidades soportaron en él, declarándose además como lugar de Memoria Histórica. A muchos nos duele ver que a otros campos de concentración y a El Arenoso no se les haya dado el mismo tratamiento de lugares de Memoria y que este último haya acabado siendo una zona de eventos y celebraciones con fines lucrativos privados, en cuyo suelo la crueldad de unos seres humanos y el sufrimiento de sus víctimas fueron llevados al máximo extremo.

Tras esta referencia obligatoria a un episodio trágico iniciado en el primer franquismo y que nos atañe de lleno como palaciegos, en consonancia con el título de este capítulo, es necesario precisar que ese referido sistema político y social que estuvo vigente en España cuarenta años, impregnó de su ideología a amplios sectores de la sociedad española.

Varias generaciones enarbolaron orgullosas sus valores e ideas, fundamentalmente sectores de la pequeña y mediana burguesía devenidas en la nueva y pujante clase media. Al calor del nuevo Estado, muchos de sus componentes habían escalado económicamente y amasado grandes fortunas gracias a la corrupción, la estafa y el aprovechamiento en su favor de las antiobreras ordenanzas laborales franquistas, que les facilitaban la explotación más brutal de los trabajadores. Una parte importante de esta nueva clase social se fue incorporando al club de las élites económicas mimadas por Franco y que, gracias a su estrecha alianza, disponían de grandes privilegios y prebendas.

Esos privilegios de la oligarquía española se han mantenido y ampliado incluso durante el periodo democrático a través de sus herederos, hasta nuestros días. Algo de lo que he hablado antes, refiriéndome a las empresas que participaron en las obras del Canal de los Presos.

Constituyen los llamados poderes fácticos: los bancos, las grandes empresas, el Ejército, la Iglesia Católica, los jueces o los aparatos policiales y el Estado profundo. Continuaron y continúan siendo el poder real en España, amparados en una Monarquía que actúa como el garante de su poder. Es el *statu quo* que ha seguido manteniendo su dominio, gracias al cual la semilla del franquismo ha continuado germinando en la mente de una parte nada desdeñable de la sociedad española, lo que explica la pervivencia de un franquismo sociológico que nunca se fue y que es muy preocupante.

Mi salida de la Marisma

Una vez hecha esta puntualización, sigo con la cronología de mi relato, recordando que, tras mi regreso de nuevo al trabajo en la Marisma en 1976, permanecí allí hasta finales de mayo, cuando me incorporé al mundo de la construcción.

El ambiente entre la ciudadanía del pueblo y los trabajadores era una especie de combinación de un sentimiento de angustia y preocupación por el aumento del paro y la grave situación económica, en la que la inflación se había disparado al 19,8 %, y una sensación de cierta esperanza en un futuro mejor tras la muerte del dictador.

Con mi marcha de la Marisma y mi incorporación al trabajo en la construcción con mi hermano Curro, seguí el camino que antes habían emprendido otras muchas personas que cambiaron de tajo. Al principio de los setenta, fueron las mujeres las primeras que iniciaron el éxodo, casi total, desde la dura faena de la Marisma hacia el trabajo en los almacenes de aceitunas en Dos Hermanas, que demandaban mano de obra y ofrecían mejores condiciones laborales. Otras mujeres buscaron trabajos como el servicio doméstico en Sevilla, siendo habitual en esos años en Los Palacios y Villafranca ver los autobuses de Los Amarillos llenos de mujeres trabajadoras que iban y venían de esos nuevos empleos. A ellas les siguieron en el abandono del trabajo en los campos de arroz muchos hombres, que encontraron en el pujante sector de la construcción y, en menor medida, en la emigración sus nuevos destinos laborales en la búsqueda de una mejora en su economía.

Aun así, la población jornalera seguía siendo muy elevada en esos años y muchos de ellos, que no podían ser absorbidos por esos mercados de trabajo, pasaban al paro, debido al avance de una mecanización que iba reemplazando el trabajo humano por la máquina, un fenómeno que se fue extendiendo por los otros cultivos sociales como el algodón y la remolacha.

Todas estas circunstancias sirvieron de caldo de cultivo para un aumento de la conflictividad social en los pueblos sevillanos aquel año, en los que no había ni industria ni otras fuentes de generación de empleo. La agricultura era el principal sector que daba trabajo, que se realizaba de forma precaria, pero que significaba el principal sustento económico de miles de familias y que cada vez iba menguando más a la par que crecía el paro. En la mayoría de esos pueblos, se producían importantes movilizaciones de jornaleros sin trabajo que reivindicaban a las autoridades programas de creación de empleo. Nuestro municipio no fue una excepción, donde las concentraciones de obreros eran cada vez más frecuentes al calor del clima de movilización y luchas, que se extendieron ya a todos los sectores de una economía hundida en una profunda crisis, con unos gobernantes que eran incapaces de dar respuesta a las peticiones de millones de trabajadores en todo el país.

Contando estos con el respaldo de unos sindicatos que, aunque seguían en la ilegalidad, tenían una fuerte implantación en un movimiento obrero cada vez más organizado y fortalecido, que fue decisivo en la aceleración del desmantelamiento del aparato de la Dictadura que aún pervivía sin Franco y que se resistía en su búnker de poder a ceder este y abrir el camino hacia un sistema democrático que la inmensa mayoría de españoles y españolas deseaban.

Ese fue hasta entonces el año de mayor número de horas perdidas por huelgas en España, en lo que sería el mayor proceso movilizador en décadas, salpicado por la violencia terrorista ejercida por ETA, por un lado, y por los aparatos policiales del Estado y las bandas fascistas, por otro, que ensangrentaron aquel periodo de lucha obrera y que tuvo su principal exponente en los sucesos de Vitoria en marzo, con la muerte de cinco obreros a manos de la policía armada.

Aquellas históricas movilizaciones del 76 tuvieron como colofón la primera huelga general del 12 de noviembre, que debido a la represión y las amenazas de despidos tuvo un alcance muy limitado, pero sirvió de toque de atención a unos gobernantes que estaban a la defensiva y que de la mano del recién designado rey por las Cortes franquistas iniciaron una serie de movimientos que empezaron con la destitución de Arias Navarro como presidente del Gobierno y de Fraga de vicepresidente y el nombramiento de Adolfo Suárez como presidente.

Este era otro hombre proveniente del Régimen, al que se le arrancaron importantes concesiones en materia de derechos laborales reclamadas por los sindicatos, entre la que destacaba, junto a otras, la reducción de la semana laboral, que pasó de 48 horas a 44. Como contrapartida, Suárez y los suyos impusieron el referéndum de la Reforma Política de diciembre, que cerró la puerta a la posibilidad de una ruptura real con el franquismo.

El año 1977

En ese tiempo tan convulso, había una realidad en Los Palacios y Villafranca que convivía con la de los jornaleros en paro. Era la de una importante red de pequeños comercios, bares, pequeños talleres, segmentos de trabajadores que habían abandonado el campo y estaban en otros empleos, un sector de pequeños propietarios de tierras, que cultivaban ellos con sus familias en el este y el norte del término municipal y los colonos que sembraban las parcelas de El Trobal, Los Chapatales y Maribáñez.

La actividad de todos ellos, si bien es cierto que se veía afectada por la crisis y el paro, les permitía soportar en mejores condiciones sus efectos negativos.

En mi familia, mis hermanas, mi hermano y yo ya no estábamos en el campo y mi padre era capataz con el puesto fijo, lo que nos ayudaba a ir resistiendo un poco mejor los embates de la crisis en ese año, pero todos éramos sensibles y solidarios con aquellos trabajadores que peor lo estaban pasando.

En el año 1977, experimenté diversas sensaciones y viví situaciones en las que se fue forjando mi personalidad en lo profesional, en lo social y, sobre todo, en lo emocional.

Acababa de cumplir la mayoría de edad, dieciocho años, lo que me permitió sacarme el carné de conducir, cumpliendo así el sueño de la mayor parte de jóvenes de mi generación y a lo que le otorgábamos una gran importancia, aun siendo sabedores de que no tendríamos coche en años. Un placer que, por aquel tiempo, estaba reservado a los hijos de unas pocas familias pudientes y sus padres les podían comprar un coche. Algunos como, en mi caso, tuvimos que esperar a emanciparnos para tener el tan deseado vehículo, ya que, en mi familia, comprarle un coche al «niño» era pura quimera. Así que todos los hermanos seguimos el mismo patrón de comprarnos el coche cuando salíamos del nido paterno y materno.

A nivel profesional, hacía todos los esfuerzos en ir aprendiendo el oficio de albañil, pero la construcción también es un sector en el que siempre predominó la precariedad. Lo que la hacía interesante era que se ganaba mejor salario que en el campo y tampoco exigía formación académica alguna. Con mis modestos estudios era suficiente. Pero el paro también hacía mella en las obras y, cuando no había trabajo ahí, pues me las tenía que buscar en el campo.

Una alternancia que practiqué ese año en varias ocasiones. Hasta volví en un breve periodo de tiempo al arroz con mi padre. Allí, además de coincidir como compañero de trabajo con varios muchachos que habían estado en la escuela del Cerro conmigo, pude comprobar los cambios que se produjeron en la Marisma en el corto espacio de tiempo transcurrido desde que había trabajado allí la última vez. Ya se había establecido definitivamente la siembra aérea, la escarda química eliminaba gran cantidad de malas hierbas, reduciendo drásticamente el número de peonadas en esa labor, y la siega se hacía con máquinas modernas que disponían de mayor anchura de corte y más capacidad de almacenaje de grano en sus tolvas.

Los efectos de las luchas obreras, de las que ya he hablado que se producían en aquel periodo, también se notaban en la mejora del salario y en la reducción de la jornada de trabajo, que prácticamente ya se había consolidado en forma de jornada intensiva de siete horas diarias, que se irían reduciendo progresivamente hasta las treinta y nueve horas semanales actuales.

Cuando acabé mi breve estancia en el campo, me reincorporé a la construcción, esta vez definitivamente. En lo social, continúe siendo testigo al principio, y un protagonista más después, de las luchas que fueron teniendo lugar en mi entorno, apoyando a los obreros que seguían reivindicando un empleo digno y que llegaran más fondos para el todavía vigente y deficientemente dotado Empleo Comunitario. Para, al menos, paliar un poco la penuria que soportaban los jornaleros del campo en paro.

REALIDAD

ORGANO DE LA UNION SINDICAL DE COMISIONES OBRERAS DE SEVILLA   1ª Quincena — Septiembre—77

el campo: verano caliente

SALIR DE LA CRISIS
CONSOLIDAR LA DEMOCRACIA

Concentración obrera reclamando trabajo frente al antiguo ayuntamiento de Los Palacios y Villafranca

Existían en esa época muchos obreros y obreras del campo en Los Palacios y Villafranca que trabajaban en diferentes faenas agrícolas en fincas, en invernaderos de flores o en almacenes de frutas y que solían tener empleo durante todo el año, pero, aunque su situación no era como la de los parados eventuales, la crisis y la altísima inflación, que ese año llegó al 26 %, iban menguando sus salarios con la pérdida del poder adquisitivo que ese alto coste de la vida les suponía.

Aquel año 77, el Gobierno aprobó un decreto en marzo que de facto legalizaba la huelga en España, siempre que no fuera por motivos políticos, siendo un acicate que animó a millones de trabajadores a continuar en la lucha, haciendo huelgas que ya contaban con un soporte legal. Aunque se seguían reprimiendo las manifestaciones y huelgas, estas ya no eran un motivo legal para condenar a los huelguistas.

El ambiente en Los Palacios y Villafranca era de indignación, no solo entre los obreros, sino que el descontento alcanzaba a la mayoría de vecinos y vecinas del pueblo, que respondían con protestas contra el Ayuntamiento franquista de ese momento. Su equipo de Gobierno de entonces pretendió arreglar varias decenas de calles sin contar con el criterio de la gente afectada e imponiendo unas contribuciones especiales tan excesivas que prácticamente descargaba sobre la economía familiar de los vecinos de aquellas calles el coste total de las obras.

En el plano emocional, experimenté ese año la mágica sensación de estar enamorado por primera vez, al conocer a una linda muchacha llamada Pepi, perteneciente a una familia trabajadora, cuyos padres Joaquín y Frasquita, así como sus hermanas Chari, Carmen, Paqui y Joaquín me acogieron desde el primer momento como uno más de esa familia.

Al corresponderme ella de igual manera, me brindó la oportunidad de sentir el amor con tal intensidad que creí estar flotando en una nube de felicidad e ilusión, algo que se mantiene con el paso del tiempo. Aquella chavala de dieciséis años ha sido el único amor que he tenido en mi vida y a día de hoy sigue siendo mi compañera, la que me ha dado la ocasión de vivir los momentos más dulces y felices que cualquier hombre puede sentir, con el nacimiento de dos seres maravillosos, como mi hijo Rubén y mi hija Irene. Conformamos entre los cuatro una familia unida que comparte principios, valores y un cariño mutuo que se ha ido fortaleciendo día a día.

Este es el motivo fundamental, y que destaca sobre los demás, para que el año 1977 se me quede por siempre grabado en el corazón.

En el verano de ese año estalló un conflicto laboral que tuvo gran repercusión en el pueblo. En la empresa local Rosas de Sevilla, dedicada al cultivo de rosas y claveles en invernaderos y que contaba con un importante número de trabajadoras y trabajadores, se convocó una huelga apoyada por CC. OO, en la que se pedía, entre otras cosas, acogerse al convenio de jardinería, que garantizaba mejores salarios y condiciones de trabajo que el del campo, por el que se regían y que nada tenía que ver con el trabajo que realizaban de cultivo, recolección y envasado de flores ornamentales.

A esta justa demanda, la empresa se negó, dando comienzo una huelga que suscitó grandes simpatías entre la población y que contó con el apoyo solidario de trabajadores de otros sectores (una noble actitud, que desgraciadamente ha ido desapareciendo, devorada por el individualismo y la pérdida de conciencia de clase). El enfrentamiento se endureció y la huelga se prolongó durante semanas, con asambleas en la Plaza de España y marchas solidarias hasta el centro de trabajo. Pero la mala situación económica que ya sufrían los empleados y empleadas, debido a los bajos salarios que cobraban antes de la huelga, unida a la falta de ingresos durante la misma, agotó a muchos trabajadores a la hora de seguir luchando, lo que aprovechó la empresa para despedir al grupo de obreros que habían sido los más combativos.

Esto indujo al resto a aceptar lo que les imponía la patronal, si no querían engrosar las filas del enorme ejército de parados que ya sufría esa lacra del desempleo en Los Palacios y Villafranca. Se puso fin de esta forma tan dolorosa a un conflicto en el que perdieron todos los trabajadores y trabajadoras, pero los más castigados fueron aquellos que habían encabezado el movimiento, como Antonio *El Coco*, Juan *El Chinito*, Antonio Eslava, Manuel *de Trini* y otros, que perdieron su empleo, pero que son merecedores del respeto de todos por dar la cara en unos momentos tan complicados como los de entonces.

A nivel nacional, el 77 se inició con la tremenda sacudida que supusieron los hechos del mes de enero, con el asesinato de cinco abogados laboralistas de CC. OO y del PCE a manos de un comando fascista; con el secuestro del general Villaescusa por parte de ese misterioso grupo terrorista que se hizo llamar GRAPO, que al final del año anterior ya había secuestrado al presidente del Consejo de Estado, Oriol Urquijo, y con el asesinato de los estudiantes Arturo Ruiz y Mariluz Nájera. El primero, a cargo de un ultraderechista y, la segunda, por disparos de la policía, ambos por participar en manifestaciones por la amnistía de los presos políticos.

Estos sucesos tuvieron lugar en la semana del 23 al 29 de enero, la más negra de aquel año. El país entero asistía a todo aquello entre la consternación y la indignación, que contribuyeron a que miles de ciudadanos se echaran a la calle a pedir amnistía y libertad, acompañados por el entonces vigoroso movimiento obrero, que seguía impulsando huelgas y movilizaciones por toda España. Aumentó incluso la conflictividad laboral con respecto al agitado año anterior, combinando la reivindicación de mejores salarios y contra los despidos por el cierre de empresas, con la demanda de libertad y democracia. Estas peticiones se extendían por todas las zonas del país, ya fueran áreas urbanas o rurales como nuestro pueblo, donde se reproducían aquellos deseos mayoritarios de llegar a una democracia plena.

Ante aquello, el Gobierno de Suárez reaccionó con la legalización de todos los partidos, incluido el PCE y los sindicatos, convocando las primeras elecciones generales en cuarenta y un años en España. Estas se celebraron el 15 de junio, siendo ganadas por mayoría simple por la UCD, en un Parlamento bastante plural que adquirió la naturaleza de Cortes Constituyentes.

Las nuevas Cortes se encargarían de redactar la Constitución del 78 con representación de las principales fuerzas políticas, en un episodio más del guion de aquella Transición, escrito en gran parte por las élites políticas, representadas por los llamados reformistas de Régimen, la jerarquía militar, la Iglesia y las élites económicas. Todos ellos, sectores privilegiados durante la Dictadura y que ahora, por oportunidad y para preservar sus privilegios y resortes de poder, abrazaban la Monarquía como valedora de su posición, transmutando de franquistas a monárquicos y demócratas de toda la vida.

Por eso llamaron a aquel periodo transición modélica, pero en realidad no tuvo nada de ejemplar y estuvo plagada de hechos oscuros y violentos.

Es cierto que algunas cosas importantes alteraron el guion inicial, pero fue gracias a las luchas del pueblo trabajador, que consiguió, con su movilización, conquistar muchos derechos sociales y laborales que se vieron reflejados en las leyes que se iban aprobando y en el texto de la propia Constitución, que ya se estaba redactando por aquellas fechas.

Ese año finalizó con la mayor movilización que hasta ese momento se había producido en Andalucía. El 4 de diciembre, cientos de miles de andaluces y andaluzas se echaron a las calles de pueblos y ciudades de toda la Comunidad, exigiendo autonomía plena con los mismos derechos y competencias que las llamadas comunidades históricas.

En una de esas manifestaciones, la de Málaga, tuvo lugar el segundo crimen político de la Transición en nuestra tierra: el joven militante de CC. OO. Manuel José García Caparrós murió por el impacto de una bala disparada por la policía cuando colocaba una bandera de Andalucía en una farola, a día de hoy ese asesinato sigue impune. Antes, el 14 de agosto de 1976, un guardia civil había matado al estudiante de diecinueve años Javier Verdejo Lucas, en Almería, cuando realizaba una pintada pidiendo pan, trabajo y libertad.

El año 1978 nos trajo como hechos destacables la primera huelga general de cuatro horas en Los Palacios y Villafranca, contra la situación de paro, contra la carestía de la vida y en demanda de trabajo, siendo esta una huelga que convocó en la legalidad CC. OO. y que contó con un importante seguimiento, con una movilización que acabó en una concentración a las puertas del Ayuntamiento.

En diciembre de ese año, se aprobó la Constitución en un referéndum, siendo esa la primera vez que yo voté, pues en el 77 había que ser mayor de veintiún años para ejercer ese derecho.

Aquella Constitución, que aún sigue vigente, solo se modificó sustancialmente en 2011, en un pacto bipartidista entre el PSOE y el PP, que cambiaron el Artículo 135 para priorizar el pago de la deuda de las Administraciones públicas con los bancos, por delante del gasto social, como estaba al principio. Una modificación hecha por los dos grandes partidos del Régimen monárquico, adaptada a los intereses de la gran banca.

La Constitución del 78 era un poco mixta, porque, por un lado, se reconocen derechos importantes a favor de las clases populares, como el de la vivienda, el trabajo, la democracia, la libertad sindical, la educación pública, la sanidad pública o la planificación democrática de la economía, y por el otro, sus redactores introdujeron en el mismo paquete cuestiones que nada tienen de democráticas, como la Monarquía, la unidad nacional y el Ejército como garante de dicha unidad, entre otros artículos como la relación Iglesia-Estado o la pervivencia del propio capitalismo como sistema incuestionable.

Mi primer contrato de trabajo

El verano de 1978 fue el punto de inicio de otra nueva faceta en mi vida. Al final de junio, fui a trabajar con mi hermano Curro y Juan Labrador de peón de aquella cuadrilla de tres a una obra en Sevilla capital, siendo la primera vez que salía del pueblo por cuestiones laborales. Se trataba de una de las muchas promociones de viviendas sociales que, en esa época, proliferaban por la ciudad y su periferia, situada en este caso en la Avenida Kansas City.

El conjunto residencial se denominaba Las Huertas, se componía de seiscientas viviendas destinadas a familias modestas de bajos ingresos y la constructora era la empresa llamada La Internacional.

Para un joven como yo, que solo había conocido el trabajo en la Marisma y la construcción en varias obras del pueblo, resultó impactante la llegada el primer día a aquella gran obra y contemplar la enorme actividad que se desarrollaba en ella. La visión de grandes grúas que abastecían de material a bloques de ocho y once plantas, con más de cien trabajadores empleados en tareas que iban desde los que hacían el mortero, hasta las cuadrillas que a destajo y subidos en guindolas colocaban los ladrillos vistos del exterior, me produjo una sensación de sorpresa por el novedoso hecho de incorporarme a un trabajo de esas características.

Allí firmé mi primer contrato de trabajo por el Régimen General con la empresa Tres Más SL y abandoné la cartilla del Régimen Especial Agrario.

La forma de trabajar y el movimiento de personas a la hora de iniciar su labor en los diferentes tajos de la obra, sometidos al estrés que provocaba el embrutecedor destajo, me llamaban la atención al principio. A pesar de ello, por necesidad, pronto me adapté a la nueva realidad que imponía el afán por hacer muchos metros y ganar mejor sueldo, en nuestro caso de tabiques en el interior de las viviendas.

Junto a lo descrito antes, el otro gran descubrimiento para mí fue la presencia sindical en un centro de trabajo con un elevado número de obreros. Fue allí donde asistí por primera vez a una asamblea de trabajadores en la media hora después del almuerzo, convocada por los tres representantes sindicales de CC. OO. elegidos por la plantilla. En esa asamblea y en las otras muchas que se siguieron celebrando, se nos informaba del convenio de la construcción, de los avances salariales y de los derechos conseguidos, gracias a las frecuentes movilizaciones y paros que se realizaban en pos de la mejora de las condiciones de trabajo.

El clima general de conflictividad social y el auge del movimiento obrero en aquellos años de la Transición en España favorecieron que en los tajos las conquistas en derechos, como la mejora del salario, el aumento de la cotización, el abono de pagas y pluses, la indemnización por despido, vacaciones pagadas o mayores medidas de seguridad, fueran tangibles para los trabajadores.

En la obra de Las Huertas, también se notaron, lógicamente, esos avances conseguidos gracias a la lucha. Para mí, ver a aquellos delegados, Pedro, Luis y Emilio, explicar a sus compañeros todas esas cosas y la importancia de seguir luchando organizadamente por otros derechos, como la reducción de la jornada, que se logró posteriormente, o la supresión del insolidario destajo, que sigue como asignatura pendiente, me entusiasmaba enormemente.

Si El Cerro fue mi escuela primaria, aquella inolvidable obra, en la que estuve un año, fue mi escuela sindical, la que me ayudó a entender mejor la relación capital-trabajo.

De ella aprendí métodos de lucha y organización democrática de los trabajadores, que después puse en práctica durante muchos años de mi vida laboral.

Comenzó 1979, después de un año anterior sin otros hechos destacables tras los mencionados, salvo que siguió por todo el país la ola de movilizaciones de diversa índole. En el año nuevo entró en vigor la Constitución y se puso fin al periodo constituyente con la convocatoria de unas nuevas elecciones generales en marzo, que, como las del 77, volvieron a darle el triunfo a la UCD de Suárez, y las elecciones municipales de abril, las primeras desde la República, y que dieron el triunfo en la mayoría de ciudades y pueblos a las candidaturas de la izquierda, entre ellos Los Palacios y Villafranca, donde se impuso el PCE.

El candidato de este partido, Francisco Riverola, se convirtió en el primer alcalde democráticamente elegido en nuestro municipio tras un largo periodo de cuarenta y tres años sin que se hubiesen celebrado elecciones.

Poco después de todo aquello, me marché a la mili, curiosamente al mismo lugar donde antes había estado mi hermano Curro, a Canarias, donde permanecí un año, perdiendo todo contacto con la realidad social y cotidiana de mi pueblo. Solo me comunicaba con mi novia y mi familia por carta y de forma esporádica. Mi regreso a casa supuso un encuentro con la nueva realidad y el inicio de una nueva fase de mi existencia. Atrás había dejado años de vida difíciles, pero apasionantes, que habían generado en mí sueños y utopías. El nuevo periodo vital estaría marcado por mi involucración total en la actividad política y sindical, pero eso ya es otra historia.

8. Las islas del Guadalquivir, caladeros de pesca de especies de agua dulce

Históricamente, el río Guadalquivir y sus afluentes siempre fueron hábitats de una variada fauna avícola y piscícola, que, durante siglos, formaron parte de la dieta alimentaria básica de las diferentes civilizaciones que han venido poblando las cercanías de las riberas de los citados cauces hídricos.

En lo relativo a la fauna piscícola, la progresiva expansión de la superficie de tierras roturadas para la siembra de arroz, a partir de finales de la década de los años treinta del siglo XX en los márgenes del Bajo Guadalquivir, llevó aparejada la construcción de numerosos canales de riego y desagües, conectados unos y otros con el río y sus dos brazos principales, el de La Torre y el de El Este. A través de una red de bombas, impulsaban el agua de unos cauces a otros, que en su interior albergaban peces como la carpa, el albur o mujol, el robalo o la anguila, todos comestibles y que brindarían la ocasión a una serie de personas de convertir su pesca en una actividad económica que sería su principal fuente de ingresos.

Fue en la década de los años sesenta cuando un grupo de trabajadores del campo, vecinos de Los Palacios y Villafranca, decidió dedicarse a la pesca en agua dulce como actividad laboral en un escenario tan propicio como la Marisma. Juan Triguero o *Juan Mariano*, como se le conoce en el pueblo, fue uno de aquellos pescadores pioneros y que después también jugaría un papel fundamental en la introducción de la otra modalidad de pesca que tiene como base las aguas marismeñas: el cangrejo rojo.

Me ha contado Juan que el inicio de aquella pesca fue tortuoso y complicado, teniendo que lidiar con numerosos obstáculos, por parte de los propietarios de las tierras que les dificultaban el tránsito por las mismas y por organismos como las comunidades de regantes, que se sentían dueños de regueras y desagües, imponiendo un canon económico a quien pescara en ellos.

A través de su exposición, me voy enterando de aspectos muy interesantes y desconocidos para mucha gente sobre cómo, a pesar de las dificultades, él, varios miembros de su familia y compañeros, como Francisco García *El Trescientas*, se incorporaron a la tarea de pescar, empezando primero por los albures y carpas, muy apreciadas en localidades cercanas como Alcalá de Guadaíra o la capital, pero que constituían un mercado muy reducido. Al poco tiempo, fueron introduciendo la anguila en su actividad pesquera gracias al acuerdo al que llegaron, primero, con el comerciante y arrocero valenciano Rafael Grau y, después, con un comerciante holandés que les ofrecía mejores precios por sus capturas y un mercado como Holanda (hoy Países Bajos), país donde se consumía la anguila en abundancia.

El holandés, del que desconozco el nombre, firmó un contrato con las comunidades de regantes —que se arrogaban la potestad de cobrar por el uso de los canales—, mediante el cual se podría pescar en estos y retirar el producto capturado a Holanda. El negocio de la pesca de la anguila, que se hacía con nasas holandesas, empezó a funcionar y los pescadores fueron progresando económicamente hasta el punto de poder tener nuevas viviendas, más dignas que las anteriores.

Posteriormente, aterrizó por aquellas tierras un comerciante italiano apellidado Passini, que se hizo con el contrato de explotación de la pesca de la anguila, una actividad que se realizaba en las fincas de ambas orillas del río. El italiano acordó con Juan y sus compañeros adquirir todas las capturas para seguir comercializándolas en Holanda y también en Italia, pero ese pacto se rompió, al querer Passini aumentar el cupo de pesca y oponerse los pescadores a ello porque conllevaría una bajada en el precio del pescado. Según el testimonio de Juan, a partir de esa ruptura se les prohibió el acceso a los canales para seguir pescando, con lo que estalló un conflicto que llevó a los pescadores a encerrarse en las dependencias del entonces Sindicato Vertical, con el correspondiente desalojo por parte de la policía.

Una acción que sirvió de estímulo para constituir un sindicato de pescadores, que naturalmente debía estar integrado en aquel monstruo burocrático que era el Sindicato Vertical, el único existente, pero que les sirvió a los pescadores como vía para encauzar su demanda de una ley de Cotos Industriales que se hizo realidad en 1965 y que eliminó la exclusión de la pesca en los canales que gestionaban las comunidades de regantes.

A pesar de esa victoria legal, no resultaba fácil seguir pescando, ya que los propietarios de las tierras, con la colaboración de la Guardia Civil, los expulsaban de los lugares donde pescaban ignorando intencionadamente el contenido de la ley, lo que motivó que los pescadores tuvieran que acudir a los tribunales para que estos les reconocieran el derecho legal a pescar, algo que pudieron hacer tras aquella batalla jurídica que ganaron en plena Dictadura.

Al final de los sesenta y principios de los setenta, la pesca de la anguila empezó su decadencia, golpeada por los nuevos encauzamientos del Brazo del Este, que afectaron a su reproducción, y al uso de pesticidas, que resultó letal para la pesca de una especie que durante años sirvió de medio de vida a un grupo de familias de Los Palacios y Villafranca.

Estas personas se ganaban el pan recorriendo canales, recogiendo anguilas de unas redes que colocaban en penosas condiciones, sin medidas de protección, metidos hasta la cintura en agua y transportando el producto a los sitios de almacenamiento en moto y por caminos muchas veces intransitables.

La pesca de la anguila fue el precedente del aprovechamiento de un recurso natural de la Marisma como sustento económico de un importante número de familias trabajadoras de nuestro pueblo. A esta le siguió la pesca del cangrejo rojo, en la que Juan Mariano también fue precursor, como decía al principio.

La llegada del cangrejo rojo a la Marisma. Su pesca como nueva actividad económica

El *procambarus clarkii*, nombre científico del cangrejo rojo, hizo acto de presencia en la Marisma del Guadalquivir allá por el año 1974, de la mano, según se dice, de Andrés Salvador Habsburgo Lorena, un aristócrata austriaco con numerosos vínculos en España e interés por la acuicultura, que conoció el sistema de producción del cangrejo rojo en Luisiana, a menudo asociado al cultivo del arroz.

Redes para la pesca del cangrejo

Tuvo la idea de introducir esa especie en zonas arroceras de España, para lo que, después de iniciar esa inserción en Badajoz a modo de prueba en 1973, con 500 kilos de ejemplares, siguió en el año 1974, con la descarga de otros centenares de kilos de cangrejos rojos en una finca de arroz de Puebla del Río, traídos directamente de EE. UU., de ahí el nombre de cangrejo americano, como popularmente se empezó a conocer en aquella época.

Esa nueva especie invasora y desconocida se extendió rápidamente por España y también por Portugal, debido a su gran capacidad de adaptación a las zonas húmedas de la Península, como ríos, lagos o arroyos.

La gran voracidad del cangrejo de río autóctono, que nunca fue tal, ya que este también había sido importado de Italia en el siglo XVI y que prácticamente está casi extinguido, fue superada por la acción depredadora del *procambarus clarkii*, gran devorador también de peces y anfibios que tienen su hábitat en los espacios húmedos de agua dulce. Además de estos efectos nocivos para una parte de la fauna acuática local, el cangrejo rojo provoca alteraciones y daños en las plantaciones de arroz, al erosionar con sus excavaciones los almorrones o muretes de separación de las tablas, los canales de riego y los desagües, soliviantando así a los arroceros, que siempre han visto en esta especie un peligro para sus cosechas.

Desde el principio, hubo aquí un debate y posiciones contrapuestas sobre la propia existencia del cangrejo rojo en la Marisma. Por una parte, están los que apuestan por su eliminación por ser una especie dañina para el medio ambiente, posición que defienden los arroceros, la comunidad científica y grupos ecologistas. Por otra, están aquellos que ponen el foco en su aspecto comercial y en que el cangrejo rojo ha pasado de depredador a alimento de garzas, cigüeñas y nutrias, siendo esto un elemento de equilibrio en el ecosistema marismeño, con lo que a día de hoy el debate sigue abierto.

Más allá de esta disputa de posiciones, desde el principio de la llegada del cangrejo rojo a las zonas arroceras, se descubrió que esta especie de crustáceos era comestible, lo que propició la oportunidad de comercializarlos para el consumo humano, surgiendo desde entonces una nueva actividad: la pesca del *procambarus clarkii* en las marismas del Guadalquivir.

Aparecía así una nueva fuente de riqueza en los campos de arroz, que sirvió como yacimiento de empleo donde se reciclaron cientos de trabajadores, que fueron incorporándose a este sector, como alternativa a la faena de jornalero asalariado en el campo y al creciente desempleo en este como resultado de la imparable mecanización del cultivo del cereal estrella de toda la Marisma.

En palabras de Juan Triguero, el cangrejo rojo y su pesca llegaron como relevo idóneo a la captura de anguilas, en un momento en que esta había iniciado un notable decrecimiento en su reproducción y comercialización, con lo que dejaba de ser una actividad rentable. Él me ha contado que, tras las primeras apariciones por los canales y tablas de arroz del nuevo crustáceo, su grupo de compañeros se dedicaron a repartir ejemplares por las zonas de las dos riberas del río Guadalquivir, metidos en sacos, usando las motos como medio de transporte y esparciéndolos por las principales zonas arroceras.

La rápida y espectacular reproducción de estos mariscos de agua dulce animó a muchos trabajadores del pueblo a dedicarse a pescar cangrejos rojos.

La experiencia que ya tenían los anteriores pescadores de anguilas fue determinante para la expansión de lo que llegó a ser una rentable actividad, allá por los años 80 y 90.

La primera cooperativa que se formó con gente de nuestro pueblo estaba adscrita a las de Isla Mayor, pero en 1978 se independizaron y bajo el nombre de Pescadores de Los Palacios se asentaron en su término municipal, donde construyeron unas instalaciones en la carretera del Monte. Allí se recogía el producto de la pesca, almacenando y seleccionando los cangrejos que se destinaban a los principales mercados de diferentes lugares de España.

La pesca del cangrejo rojo de la Marisma experimentó un gran crecimiento en Los Palacios y Villafranca en aquellos años, llegando a crear más de 300 empleos, repartidos entre las diferentes cooperativas que se fueron creando después de la de Pescadores de Los Palacios, que era la mayor. A esta la siguieron cinco más: Caño de la Vera, Brazo del Este, Cangresur, Río Grande y Marisma.

Según me comentaba Miguel Triguero, sobrino de Juan y miembro de una de las cooperativas cangrejeras existentes en aquellos años, el hecho de agruparse en cooperativas supuso para los jornaleros que las constituyeron pasar de trabajadores asalariados a estar por cuenta propia y sin ningún patrón que los explotara. Aunque debían estar sujetos a los vaivenes de los mercados y a la oscilación del precio del producto de la pesca, que muchas veces dependía de los intereses de grandes empresas como Pescanova o Álvarez Entrena, que solían ser las que adquirían y comercializaban los cangrejos que se pescaban.

La falta de unidad de estas cooperativas y la incomprensible competencia, a veces desleal entre ellas, hizo que la convivencia y la necesaria colaboración fueran cada vez más difícil en el sector, lo que unido a la reducción de los mercados provocó la progresiva desaparición de la mayoría de cooperativas de cangrejeros en Los Palacios y Villafranca, con la consiguiente pérdida de empleos en el pueblo. A principios del actual siglo XXI, ya solo quedaba en pie la cooperativa de Pescadores de Los Palacios, que logró sobrevivir hasta 2009, con lo que finalizó un ciclo histórico en el que la pesca de cangrejos de río dio de comer a decenas de familias y tuvo un impacto muy positivo en la economía local.

Hoy en día ya no existen cooperativas en el pueblo y esa actividad solo la desarrolla un reducido número de vecinos de Los Palacios y Villafranca de forma independiente. A diferencia de sus predecesores en pesca de la anguila, los cangrejeros pudieron disponer de furgonetas que les facilitaban el transporte del pescado y les aliviaba sus condiciones de trabajo, que, aunque duras, porque se tenían que meter en agua y barro y manipular redes pesadas, siempre eran mejor que el trabajo de jornalero asalariado y sometido a la disciplina del horario, además de que se ganaba menos.

Este sector de la pesca del cangrejo rojo, que siguió con gran intensidad en Isla Mayor, se tuvo que enfrentar en los últimos años a importantes batallas de índole legal, a consecuencia de una sentencia del Tribunal Supremo de 2016, que prohibió la pesca del cangrejo al considerarlo especie invasora, demostrando el Supremo una total falta de empatía y desconocimiento de la importancia vital que tenía y tiene la citada pesca para las numerosas familias que viven de ella.

Después de la batalla jurídica y de la movilización ciudadana en defensa de la pesca del cangrejo en la Marisma, que tuvo su punto álgido en la gran manifestación del 9 de mayo de 2016 en Isla Mayor y en la que tuve el honor de participar como diputado provincial en apoyo a los cangrejeros, se consiguió enmendar la sentencia del alto tribunal, permitiendo de nuevo la captura del mencionado crustáceo. Aunque esto último no sea el principal motivo de mi narrativa sobre un sector que tiene a su espalda un historial apasionante, he considerado importante reseñarlo. En la práctica, fue una batalla ganada ante potentes adversidades de diversa índole.

Fotografías de la manifestación y posterior concentración en defensa del cangrejo frente al ayuntamiento de Isla Mayor

La Marisma, otros aprovechamientos de los recursos naturales de la marisma

La Marisma es un territorio desde el que surgen una serie de recursos naturales que a lo largo de la historia han servido al ser humano como medio de vida. A los iniciales pastos para la cría del ganado les siguió el cultivo de diversas variedades agrícolas esenciales para la vida de las personas y animales, como el arroz, el algodón, la remolacha, el sorgo, el maíz... Después se fue descubriendo la utilidad de las diferentes especies de animales en la dieta alimenticia de hombres y mujeres, como las aves acuáticas, peces o cangrejos. Junto a esos productos generados en la Marisma, aparece otro cuyo aprovechamiento como recurso natural de esas tierras sirvió y aún sirve de medio de vida o de complemento a la economía doméstica de algunas familias. Ese recurso al que me refiero es la anea o enea, una planta herbácea del género *Typha*, que se cría en lugares con base acuática como lagunas, canales, arroyos o ríos de cauce lento y poco profundo.

Los numerosos canales o desagües que atraviesan la superficie marismeña y las orillas del Río Viejo y el Brazo del Este son hábitats idóneos donde la anea se cría y reproduce en las mejores condiciones. Su durabilidad y flexibilidad la convierten en la materia prima ideal en la fabricación artesanal de utensilios y mobiliario domésticos y para el uso en la industria textil.

Tengo presente el recuerdo de ver, cuando vivía y después trabajaba en La Mejorada, a una serie de hombres que segaban aneas en la orilla del Río Viejo, donde más abundaba esta planta. A partir de mayo, empezaban a cortar los tallos verdes que en haces extendían abiertos por la orilla del río para su secado al sol, cuando los tallos habían pasado de verdes a marrón claro o beige, se recogían y se cargaban en camiones para trasladarlos a sus diferentes destinos.

Los que más aneas recolectaban eran unos hermanos de Coria del Río apodados *Los Patis*, que prácticamente monopolizaban dicha actividad en aquella zona de la Marisma. Esas grandes cantidades de aneas secadas las destinaban a la industria textil catalana y a proveer a artesanos de otros pueblos.

En Los Palacios y Villafranca había varias familias, como José Fabián *el Sillero*, Florián Luna, *Perico Cochero*, *Anurría* o *Hipe* o *Jipe* (de los tres últimos solo conozco sus apodos, no sé sus nombres de pila), que utilizaron este recurso natural marismeño para ganarse la vida con la artesanía de la anea. Esta, gracias a su flexibilidad, era y es un material estupendo y muy apreciado para la fabricación de asientos de sillas, sillones, quincanas, serones, cestas, sopladores, esteras o canastos que estos artesanos hacían con sus manos, sacándoles rendimiento a un producto natural que trabajaban de forma autónoma y constituía una alternativa al empleo por cuenta ajena en el arroz. Estas familias palaciegas eran ellas las que normalmente segaban, secaban y recogían la anea para una actividad artesanal que les proporcionaba unos ingresos que les ayudaban a sobrevivir modestamente.

De aquellas familias hoy solo quedan algunos descendientes de Florián Luna, que siguen el oficio de la artesanía de la anea que heredaron de su padre, en el que ha adquirido una importante notoriedad su hijo Juan Luna.

La anea es tan versátil en su aprovechamiento, que además de los usos antes citados sirve para depurar las aguas residuales, sin olvidar que son el hábitat de varias especies de aves que anidan en sus hojas y tallos.

9. Fin del trabajo manual masivo en la Marisma

Coincidiendo con mi regreso de la mili en 1980, se fue acelerando el proceso de mutación en el modo de producción en la Marisma y su repercusión en las relaciones laborales. Los primeros síntomas de mecanización que se revelaron en la década de los sesenta en el cultivo del arroz, con el uso de tractores y de máquinas cosechadoras en una primera etapa, y que se consolidarían en poco tiempo, tuvieron como consecuencia la eliminación para personas y animales de un duro trabajo del que se les liberaba, pero, a cambio, se experimentó, como he mencionado anteriormente, un descenso en el empleo de mano de obra.

Esta circunstancia obligó a muchos jornaleros a reciclarse en su vida laboral y buscar otras alternativas, porque ya no hacían falta hombres y animales para arar la tierra en el inicio de la campaña, ni para la siega al final de la misma, pues un solo tractor o una máquina cosechadora hacían el trabajo de cientos de personas y en mucho menos tiempo, con lo que las temporadas arroceras se fueron acortando para el trabajo manual.

Se iban quedando reducidas a la preparación de las tablas, a la siembra de planteras, a la planta a mano —que aún persistiría varios años más—, a la escarda —que finalizaba en agosto— y al tiempo del secadero —que era una faena que se hacía con escasos recursos humanos—.

Entre la primera fase de la mecanización, con tractores y cosechadoras, y la segunda, la de la siembra aérea y la escarda química, se produjo a principios de los setenta el primer éxodo —del que antes apunté algo—, el de las mujeres, que se marcharon casi en su totalidad hacia otros empleos lejos del barro, el agua, los mosquitos y el calor que tenían que soportar en tan penosa faena en la Marisma.

A las mujeres les sucedieron un gran número de hombres que abandonaron los arrozales. Buscando un futuro mejor se fueron insertando en otros sectores de la economía, fundamentalmente en la construcción, un poco emigrando al exterior o a otras zonas de España, o en las incipientes actividades del cultivo bajo plástico en invernaderos y las granjas de pollos, que por aquellos años ocuparon a un importante sector de trabajadores del campo.

Con el uso de avionetas para sembrar arroz, para abonar y para fumigar con herbicidas e insecticidas en las plantaciones a mitad de la década del setenta, se completó la segunda fase de la mecanización de las labores de cultivo de este cereal, vaciando aún más aquellas grandes extensiones marismeñas de mano de obra, que se fue quedando reducida al trabajo de refuerzo manual de la escarda química y a la replanta de los lucios que quedaban en las tablas tras el sembrado aéreo.

Esta situación se fue prolongando a la par que fueron surgiendo pequeños y medianos propietarios de parcelas de arroz también aquí en Isla Menor, igual que mucho antes había ocurrido en la Isla Mayor, conformándose una dualidad de propietarios entre esos nuevos colonos y los terratenientes históricos, con la diferencia con estos últimos que los primeros trabajaban ellos mayormente la tierra y que, gracias a la mecanización, también empleaban escasa mano de obra externa.

Llegados al final de los noventa, la progresión menguante del uso de mano de obra en la Marisma fue dejando a aquella reducida a la mínima expresión, sin que por ello la producción se viese mermada, sino todo lo contrario. El empleo de máquinas hizo que la productividad aumentara exponencialmente en las marismas del Guadalquivir de la provincia de Sevilla, convirtiendo a esta en la principal productora de arroz de España, donde se crían una serie de variedades de gran calidad, entre las que destacan la índica y la japónica, de grano largo y corto respectivamente, y muy apreciadas en la cocina española y europea.

A modo de reflexión, cabe preguntarse por qué un proceso de transformación tan rápido en el tiempo, en el que se sustituyó casi por completo el trabajo manual por unas máquinas que cambiaron el concepto y la forma de cultivar un determinado producto agrícola como el arroz, que era además el que más personas empleaba, no provocó una reacción de los obreros directamente damnificados por aquella agresiva mecanización. Hay que recordar a este respecto que en otros cultivos sociales como el algodón sí hubo cierta resistencia ante las primeras máquinas recolectoras. Se llevaron a cabo acciones de quema de algunas de dichas máquinas, en una reedición de lo que fue el movimiento ludita del siglo XIX, cuando miles de obreros, en plena Revolución Industrial en la Inglaterra del primer tercio de ese siglo, atacaban violentamente a aquellas primeras máquinas empleadas en los albores de la industrialización y que ellos veían como enemigas por quitarles el trabajo.

Tal situación no se dio en la Marisma por lo que ya he ido comentando a lo largo de mi narración: las dos grandes fases del maquinismo coincidieron con la posibilidad de adaptación de miles de trabajadores y trabajadoras a otros empleos mejor remunerados y en mejores condiciones, con lo que, por lógica, nadie iba a reivindicar seguir en el agua y en el barro marismeño ganando menos y en peores condiciones.

El alto paro agrícola que se alcanzó años después fue debido a la crisis, en general, y a la del campo, en particular, unidas a la incapacidad de los gobernantes de dar soluciones a la cuestión jornalera.

Proceso de mecanización de la Marisma

Las primeras máquinas que yo recuerdo en la Marisma eran las que se usaban en la trilla del arroz, aquellas Batlle de emplazamiento fijo, junto a los tractores Lanz, unos vehículos con limitada fuerza que se utilizaban para el arado, la nivelación de las tablas y el transporte con sus remolques de semillas, abonos o garbas del arroz segado. Las planteras de arroz, que eran superficies reducidas de terreno, se araban con yuntas de mulos tirando del arado, una práctica que se alargó hasta los primeros años sesenta.

Todos los demás trabajos eran manuales en el proceso productivo del arroz, con el uso de maquinaria reducido a los dos artefactos que he mencionado al principio. El enorme trayecto que va desde la pala, el pico, la hoz, el palín y el arado de tracción animal, hasta las avionetas o los modernos tractores con cabinas climatizadas fue un camino marcado por una serie de hitos que vale la pena recorrer cronológicamente.

Antigua máquina fija Batlle de trillar el arroz que se segaba a mano

Al principio de la preparación del terreno para su posterior puesta en cultivo, la Compañía de las Islas del Guadalquivir empleó lo que tenía disponible: hombres con palas, palines y animales para trasladar la tierra excavada con tales métodos, que tiraban de carros y trineos. Centenares de aquellos hombres con picos, palas y palines construyeron decenas de canales, caminos, el tramo de ferrocarril o los diques de contención de las inundaciones; otros conducían los animales de tiro que complementaban aquellas faenas.

Ante tan faraónica labor, la Compañía introdujo el primer tractor que se vio por aquellos parajes con la intención de aumentar la productividad del trabajo en las citadas obras de infraestructuras marismeñas. Fue en 1928 cuando se empleó un oruga Caterpillar o «Cartepilla», como se decía por aquí, del modelo Sixty, al que el mismo rey Alfonso XIII bendijo en Isla Mayor, aprovechando su visita ese año por toda la zona.

Todo indica que el experimento con aquel tractor no dio los resultados esperados, quizá porque aún no se adaptaba bien al terreno o por tener poca fuerza, lo cierto es que se continuó realizando las obras y las labores agrícolas con trabajo manual mayoritariamente en esa parte de la Marisma y en la orilla de enfrente, la Isla Menor, cuando esta se comenzó a roturar. La necesidad de disponer de más tierra cultivable y de aumentar el ritmo de los trabajos de preparación de la misma hizo que los propietarios empezaran a introducir maquinaria de nuevo a partir de finales de los años cuarenta, recurriendo a la importación de tractores más modernos con mejores prestaciones que aquel Sixty, pues en España todavía no se fabricaban vehículos para esas labores agrícolas.

En 1955, se declaró de interés nacional la fabricación de tractores y, al año siguiente, empezaron a llegar los primeros ejemplares hechos en España, pero con licencias extranjeras, a la Marisma. La marca Lanz, fabricada en Barcelona, fue la primera que colocó sus tractores para labrar las tierras y transportar con remolques las mercancías necesarias para la producción arrocera. Después fueron llegando otras marcas fabricadas en Madrid, como Ebro o Barreiros, y Caterpillar distribuyó los orugas por los diferentes campos de arroz. Todas las tierras, salvo las planteras, eran labradas mecanizadamente.

Al poco tiempo, también acabó pasando el tractor con su potente arado por las planteras. Fue un gran avance aquello, al quitar a los animales de arar las tierras, pero siguieron siendo imprescindibles para moverse por las tablas tirando de los trineos en el transporte de las garbas en la siega y para distribuir las mismas en la planta mientras estas labores manuales estuvieron vigentes. En la mitad de los años sesenta, fueron apareciendo las primeras cosechadoras mecánicas por los arrozales.

Yo las recuerdo con su color amarillo y sus letreros de Clayson y New Holland. La cosechadora quitó de golpe a cientos de obreros que segaban a mano con hoces y charrascos, a decenas de animales que acarreaban las garbas y a todas las máquinas trilladoras fijas de la Marisma. Una sola máquina segaba, que es lo que hacían los hombres, trillaba simultáneamente, reteniendo el grano en una tolva y expulsaba el pasto en las mismas tablas, que es lo que hacían las otras máquinas fijas, y transportaba hasta los caminos el grano que depositaba en los remolques que tiraban los tractores y lo trasladaban al secadero, que es lo que hacían los animales con los trineos y carros.

En esa época aparecieron las primeras avionetas, aquellas que despertaron mi curiosidad en La Mejorada, esparciendo desde el aire insecticidas, abonos y herbicidas, labor que hasta entonces realizaban los hombres metidos dentro de las tablas.

Tras algunos años de dudas, las avionetas pasaron a distribuir desde el cielo las semillas de arroz, que, luego de superar ese examen, despejar las dudas y confirmar que los granos germinaban, crecían y se transformaban en espigas en un solo proceso, se impuso definitivamente ese método de siembra. Con ello sacaban del arroz a las personas que plantaban los piquetes, a las que repartían las garbas y a los animales que tiraban de los trineos dentro de las tablas.

Después llegaron nuevas máquinas cosechadoras de diferentes marcas, como Claas o John Deere, con más anchura de corte de piquetes y mayor capacidad de acumular grano en sus tolvas; nuevos y modernos tractores con más potencia y tamaño de marcas como John Deere o Massey Ferguson; y nuevas avionetas con mejor tecnología y mayor precisión en la siembra.

Una espectacular transformación en el modo de producir el arroz, con un gran salto en la modernización de la mecanización, que pasó de la pala, la hoz y la yunta a estos potentes aparatos, capaces de desarrollar el trabajo de miles personas en toda la Marisma, vaciando en un periodo de tiempo relativamente corto la llanura marismeña de gente que en otra época era imprescindible para la crianza y recolección del citado cereal.

El paisaje de ahora en la Marisma ofrece una imagen con máquinas moviéndose por su seno como protagonistas absolutas y en el que lo raro y sorprendente es visualizar la silueta de alguna persona. Un buen exponente de la naturaleza del capitalismo neoliberal, al que solo le importan la rentabilidad y el beneficio rápido. Las personas para él son prescindibles y desechables.

Esto no lo digo por añoranza de los onerosos empleos que se perdían en el arroz, sino porque la mecanización que expulsaba del campo a los braceros nunca estuvo acompañada del necesario proceso de reciclaje y colocación de la gente que se quedaba sin trabajo en otras áreas de la economía.

10. La realidad actual de la Marisma arrocera

El geógrafo Leandro del Moral, en un trabajo académico que realizó para la Universidad de Sevilla a mediados de la década de los 90 del siglo pasado, indicaba que la estructura de la propiedad de las tierras, la producción y la comercialización del arroz habían experimentado desde los 70 importantes cambios, entre los que destaca la aparición de arrendatarios de pequeñas parcelas, la formación de cooperativas de medianos propietarios productores —como la de Arroceros del Bajo Guadalquivir— y la permanencia, aunque con cambios en su fisonomía, de grandes propiedades de 100 a 500 hectáreas, situadas estas en la margen derecha del río (en Isla Mayor), con la excepción de la familia Escobar y la división agrícola de Arrocerías HERBA, poseedores de explotaciones de más de 1000 hectáreas.

Las diferentes empresas que constituyeron los propietarios como COTEMSA, Arrocería Sevillana, Arrocerías San Martín o Productos Coral han sido intervenidas con el paso de los años por Arrocerías HERBA, propiedad de los herederos de Félix Hernández Barrera y principal comercializadora de casi todo el arroz que se produce en el Bajo Guadalquivir, perteneciendo ella misma al Grupo Ebro Foods, el mayor grupo alimentario de España.

En el mismo informe, el señor Del Moral, como experto que es, nos advierte del problema de compatibilizar el cultivo de arroz por su vecindad con todo el entorno del Parque de Doñana y los efectos nocivos que tienen sobre este el uso abusivo de pesticidas en la fauna del Parque y el alto consumo de agua que necesita la producción arrocera con las alteraciones que ello provoca en los acuíferos de Doñana. A lo que se une el daño que causa al propio cultivo la escasez hídrica, como ocurrió en los años 1983, 1989, 1995, 2005 o 2023, en los que prácticamente no se llegó a sembrar en casi toda la Marisma por ser unos años muy secos.

Todo esto es una realidad que se ha vivido hasta fechas recientes como demuestran los datos, siendo una posición que expresa una preocupación que personalmente comparto. Tanto el señor Del Moral en su artículo para la Universidad de Sevilla, como el informe que elaboró años antes el ingeniero José María Sumpsi, referido a la evolución de la producción de arroz en el Bajo Guadalquivir, cuando se va pasando del trabajo manual abundante a la progresiva mecanización de la que he hablado antes, coinciden en afirmar ambos que en los 60 y 70 se produjo una caída de la rentabilidad del arroz, debido al descenso del consumo, la congelación del precio de garantía (7,5 pts por kg) y el crecimiento considerable de los costes laborales.

Se nota en estas afirmaciones un claro sesgo y una parcialidad hacia la tradicional postura de culpar de que se gana menos a los salarios, cuando en aquellos años seguían siendo de miseria y su poder adquisitivo se reducía cada vez más por la alta inflación. Porque con salarios de 150 pts los hombres y 100 pts las mujeres, que eran discriminadas, encima, haciendo el mismo trabajo, niego la mayor de que eso tuviera la culpa de la caída de la rentabilidad.

Esta, en todo caso, se debió a otras circunstancias, pero aun así, el arroz nunca dejó de ser rentable para los patronos. Buena prueba de ello es que se ha seguido ampliando la superficie sembrada, llegando ya en el Bajo Guadalquivir a 37 000 ha, con una producción media de 9 o 10 000 kg por hectárea. Gracias a la intensa y acelerada mecanización, hemos pasado, según Del

Moral, de las 60 peonadas por hectárea en aquellos años a 15 en los 90. Pero seguro que actualmente son bastantes menos, como personalmente he podido comprobar en recientes visitas por las zonas arroceras, en el inicio, a mediados y al final de la temporada con la siega, donde lo que predomina es el uso generalizado de maquinaria y la ausencia casi total de personas trabajando en las parcelas, salvo los conductores de tractores y máquinas de segar.

Una circunstancia que contribuye al aumento de la productividad, del valor añadido y de los beneficios empresariales de unos propietarios que, además, reciben más de treinta millones de euros al año en ayudas de la PAC (Política Agraria Comunitaria de la UE).

A continuación, reproduzco unos cuadros de superficie, pueblos limítrofes y provincias y países productores de arroz. Aunque son datos de los noventa, las superficies actuales no distan mucho de las de entonces (no me ha sido posible obtener datos más actualizados).

CUADRO 1
Distribución de la superficie de arrozal sevillano por términos municipales en 1991

Población	Superficie término	Superficie término en marismas	Superficie arrozal	% sobre superficie arrozal
Aznalcázar..................	45.320	34.000	4.422	12,42
Dos Hermanas	16.300	2.300	221	0,62
Las Cabezas	22.700	6.400	3.057	8,58
Los Palacios	11.200	1.702	735	2,06
Puebla....................	37.200	25.200	16.199	45,50
Utrera	68.300	7.100	1.832	5,14
Villafranco	10.900	10.900	9.142	25,67
Total......................			35.608	100,00

Fuente: Delegación de Agricultura y *Estudio de la riqueza agrícola de los términos municipales de Puebla del Río e Isla Mayor, en la provincia de Sevilla,* 1989.

CUADRO 2
Superficie cultivada de arroz en España por provincias

Provincia	1980 Ha.	1990 Ha.	1991 Ha.
Navarra	—	885	1.370
Huesca	2.100	5.000	5.000
Tarragona	16.687	18.607	19.636
Valencia	15.800	15.600	15.600
Murcia	228	315	310
Badajoz	4.800	12.500	12.000
Cáceres	1.175	1.500	1.650
Sevilla	27.300	34.500	35.000
Otras provincias	328	630	675
Total España	68.418	89.537	91.241

Fuente: M.A.P.A.

CUADRO 3
Evolución de las superficies arroceras en la CEE (en ha.)

Países	1964	1980	1985	1990
España	64.000	68.400	74.600	93.500*
Italia	124.930	176.330	187.190	214.460
Francia	29.500	5.350	11.200	19.200
Grecia	25.000	17.000	16.000	16.100
Portugal	38.000	35.000	30.000	33.000
Total	281.430	302.000	318.990	376.260

* El dato no coincide exactamente con el facilitado en el cuadro inmediatamente anterior, que procede de otra fuente.
Fuente: Federación de Arroceros de Sevilla.

Cultivo del arroz en la actualidad, sin personas trabajando

Epílogo

La nueva realidad de la Marisma se asienta sobre un mundo donde el ingenio y la astucia humana hicieron posible la transformación de un territorio salvaje e improductivo en un enorme valle fértil, gracias a la desecación y posterior roturación de aquellas tierras que fueron colonizadas y convertidas en el rico vergel que es hoy, generador de una riqueza agrícola que tanto beneficio aporta a la salud y la alimentación del ser humano.

La inteligencia humana posibilitó el arado de la tierra, el sistema de bombeo del agua, la construcción de canales de riego y desagües, de caminos y diques, la desalinización, la nivelación de aquellas superficies divididas por almorrones o muretes y a las que se llamó y se llaman tablas. La inundación de estas con agua dulce, que, después de su recorrido por los diferentes canales e impulsada por las bombas, encontraba allí su última morada. Después recibía el necesario complemento del abono que enriquecía la tierra y que sería la base imprescindible para la siembra y germinación de las semillas que se transformarían en unas plantas, que serían trasplantadas en las mencionadas tablas en la dura labor de la planta a mano y que era el método de colocación en la tierra de aquellas matas divididas en piquetes.

Un trayecto que continuaba con nuevos abonados, eliminación de malas hierbas y como paso último la siega del producto final, su trillado y traslado al secadero de tan preciado cereal, culminando así un proceso que ha dado como resultado llegar hasta nuestros días, manteniendo aquellas tierras a pleno rendimiento y con un futuro esperanzador por delante.

Desde una visión histórica, el cambio experimentado por la Marisma del Bajo Guadalquivir, pasando de una gran llanura salada llena de almajos a ser la mayor productora de arroz de la Península Ibérica, es una epopeya con pocos precedentes en Europa y desconocida para mucha gente, incluida la gran cantidad de personas de Los Palacios y Villafranca que nunca tuvieron contacto con ese mundo.

Pero, como he señalado en algunos pasajes de mi crónica, todo esto no hubiera sido posible jamás sin el trabajo de los miles y miles de jornaleras y jornaleros que, primero como mano de obra esclava y después como asalariada, fueron brutalmente explotados y explotadas en medio de la peor Dictadura de nuestra historia. Un régimen militar que siempre miró por los intereses de los explotadores, auténticos beneficiarios del trabajo y sacrificio de aquellos braceros, verdaderos artífices de la creación de riqueza en esos antiguos baldíos convertidos en fértiles campos.

Esas grandes extensiones de tierra plana, que cambiaban de aspecto durante la campaña de cultivo, pasando en primavera del gris de la tierra arada a una enorme lámina de agua que se asemejaba a un lago, para después transformarse en verano en una espectacular y magna alfombra verde, que en otoño adquiría la tonalidad amarilla que le daban las espigas y el grano.

Otras vistas menos poéticas complementaban todo aquello, la que ofrecían las grandes filas de gente de todas las edades, desde menores a personas muy mayores, andando primero y después en bicicleta o en ciclomotor, llenando los caminos que los conectaban con sus lugares de trabajo, en los que sumergían sus pies en barro y agua, acompañados de enjambres de mosquitos y dispuestos un día más a soportar el asfixiante calor de la Marisma.

En la nueva realidad de hoy, los tonos y hermosas vistas que ofrece la Marisma en su esplendor de la campaña siguen siendo los mismos de siempre, pero ya no forma parte del paisaje el gran ejército de hombres y mujeres dentro de las tablas como antaño, las máquinas son ahora las protagonistas. Eso ya es historia, una historia que no debe verla nadie con nostalgia. Los que conocieron aquello estoy seguro de que no habrían deseado aquel trabajo ni lo echan de menos, pero les tocó vivir en esa época, en la que para subsistir era lo que tenían a mano.

Una parte de ese tiempo forma parte de mi vida personal. Yo viví en ese mundo desde la infancia hasta los diecisiete años, periodo suficiente para marcarme la conciencia y el comportamiento en el devenir de mi vida posterior. Como decía en el prefacio, en el epílogo vuelvo a evocar que con el relato que hago como testigo viviente de aquella etapa quiero poner en valor el papel que jugaron los jornaleros y jornaleras en ella, fueron las y los oprimidos, las y los don nadie, las y los sin voz, la clase obrera olvidada del proceso transformador de la Marisma, de la que me siento orgulloso de pertenecer y a la que quiero desde aquí rendir mi más sincero homenaje y hacerle el justo reconocimiento al que tiene todo el derecho.

Bibliografía y fuentes consultadas

Archivo Histórico de Comisiones Obreras.
Archivo Histórico del PCE.
Archivo Municipal de Los Palacios y Villafranca.
Arrozúa, Isla Mayor.
Ayuntamiento de Isla Mayor.
Boletín Oficial del Estado, años 1950, 1960 y 1970.
Comunidad de Regantes del Bajo Guadalquivir.
Consejería de Agricultura, Junta de Andalucía.
Familiares de Elías Benito Leal.
Familiares de Franisco González *El Pollero*.
Francisco Begines Sánchez.
Francisco Riverola, hijo.
Francisco Roque (fotografías).
Imprenta El Furraque (fotografías).
Jorge Ruiz Anula.
José Fernández Mayo *El Mosca*.
José González Arteaga, historiador.
José María Sumpsi Viñas, catedrático de Economía Agrícola, Universidad Politécnica de Madrid.
Juan Pinilla.
Juan Triguero.
Julio Martín Valverde.

Leandro del Moral, catedrático de Geografía humana, Universidad de Sevilla.

Librería La Pizarra.

Librería Macim.

Máximo Luna Luna.

Miguel Triguero Baquero.

Ministerio de Agricultura.

Mundo Obrero.

Pepe Hermano, Isla Mayor.

Rosa Ballester, catedrática de Historia de la Medicina, Universidad Miguel Hernández (Alicante).

Esta edición de *Mi memoria de la Marisma. Territorio de explotación*, de Manuel Begines Sánchez, terminó de imprimirse en diciembre de 2025.